KB262729

아직도 그곳엔 희망이 있더라

아직도 그곳엔 희망이 있더라

정운 스님

불광출판부

붓다께서는 한 곳에 3개월 이상 머물지 말라고 하셨다. 오래 머물다 보면 집착과 소유욕이 생겨 수행을 게을리하기 때문이라고 하셨다. 나는 어떤 핑계이든 이곳에 머문 지가 올해로 10년이 되었다. 강과 산이 한번쯤 변할 수 있는 나이이다.

붓다의 뜻에 부합되지 않는 이치인지는 모르지만 그래도 나는 참 좋은 인연을 만들고 가꾸어 가는데 게으름만 피우지 아니했다고 나름대로 답을 내리지만 내면적 성찰은 많이도 게으름을 피웠고 세월만 닦아 갔을 뿐이다.

허나 언제든지 떨치고 떠날 수 있는 마음의 준비로 머물되 집착하지 않는 기다림을 끝없이 기다리면서 있는 지도 모른다. 내가 아니면 안 되는 집착과 소유욕 때문에 우리네 절집은 늘 시끄럽다. 항간에는 이제 불교가 추락할 대로 추락해 버렸기 때문에 다시 일어나기 힘든 일이라고 절망적인 말들을 많이 한다. 나는 그렇게 보지 않는다. 몇몇 사람의 잘못된 이기심과 집착 때문에 일어난 일이고 숨은 곳에서 나름대로 정진하고 포교하고 일하는 수행자가 더 많이 있기 때문에 한걸음 더 성숙된 모습으로 날을 수 있다는 것이다.

그래서 나는 책 제목을 "아직도 그곳엔 희망이 있더라"라고 붙여 보았다. 어둡고 기분이 막 구겨져 있는 이웃들에게 얼마만큼 설득력이 있고 희망이 될지는 모르지만 한 줄기 빛이라도 됐으면 하는 바람이다.

사람의 향기 이후 지면에 발표된 글들을 모아 보았다. 10년 동안 세원사와 나와 인연한 내 이웃들에게 환한 희망의 선물로 안겨다 주고 싶어 1999년 원단에 이 책을 세상 밖으로 내 보낸다.

어려운 여건 속에서도 출판을 쾌히 승낙해 주신 불광 식구들과 그리고 원고 정리를 해준 강진아 님께 다시 한번 감사를 드린다.

1999년을 시작하면서
모두에게 희망이 있길 바라며
만세보령에서 정운 손모음

차례

인연의 장

마음의 장

인연의 장

세상을 살아가면서 세상일에
물들지 않는 스님이 내 가까운
인연으로 있다는 것, 그것만으로도
나는 결코 가난하지 않다.
가을은 바라보기만 하여도
넉넉하듯이 말이다.

사람의 향기 이후의 이야기

사람의 향기에 잔잔히 배어 있는 내 이웃들의 소식을 궁금해 하면서 다음의 수필집은 언제 나오며 그때는 이러한 궁금증들이 풀릴 수 있도록 해 달라는 독자들의 전화와 격려가 만만치 않았다.

많은 사람이 읽어도 그 내용들이 가슴에 와 닿지 않아 별 감동 없는 책이라고 평가 받기보다 소수의 사람들이 읽어도 가슴에 와 닿고 감동이 살아있다면 나는 후자를 택하고 싶다.

매스컴을 통해 선전되어 이름되어진 책보다 한 사람 한 사람이 읽어서 전해지고 권유하는 책이 훨씬 더 좋은 책이고, 독자를 가지고 있는 편이 어쩜 작가한테는 순수한 열정을 더 살아나게 하는지도 모른다.

사람의 향기가 베스트셀러는 아니지만 그래도 나에게 용기를 주었던 사람들은 많았다. 그래서인지 두 번째 수필집과 네 번째 시집을 내면서도 별 두려움이 없이 기다려진다.

이번에도 불광에서 맡아서 상큼하게 꾸며준다고 한다. 두 번

째 수필집 '아직도 그곳엔 희망이 있더라'는 책장을 넘기기 전
에 사람의 향기 이후의 변화된 이야기를 궁금해 하는 분들의
부탁이 있어 그것에 대한 약간의 해설을 부여하고자 하니 그
궁금증들을 읽고 다음 페이지로 넘기기 바란다.

먼저 세원사 이야기이다.
세원사에서는 이제 지붕 위에서 떨어지는 빗소리를 방안에
서 들을 수 없을 만큼 완벽한 지붕으로 법당을 새로이 건축을
했다. 방안에서 모자와 목도리를 사용하지 않아도 되고 옛날처
럼 감기를 심하게 앓지는 않는다. 하지만 지금도 혜원 스님을
만나면 추운 겨울날 이불 바깥으로 발을 내밀 수 없을 만큼의
추위를 이야기하곤 한다.
난초 이야기이다.
이 사람 저 사람이 선물하고 부처님전에 올렸던 난초들을 어
느날 몽땅 난가게를 하시는 처사님 편으로 보내 버렸다. 자주
손길을 주지 못한 탓인지 병들고 윤기를 잃어 가는 것 같아서
다 죽어서 버리기 전에 전문의에게 부탁하여 회생시켜 인연있
는 이들에게 나누어 주라고 했다. 지금 난분 하나도 곁에 두고
있지 않다. 그만큼 마음에 여유가 없는 것인지 난초로부터 자
유로워진 것인지는 모르지만 아무튼 그 이후 내게 난분을 선물
하는 사람도 극히 드물어졌다.
컴퓨터 이야기이다.

농어촌 컴퓨터 교실이 내게 많은 도움이 되었고 그 이후 컴퓨터를 새로 바꾸면서 더욱 편리해 졌지만 전문적인 지식은 아직 밑바닥이다. 지난 해 대천대학교 사회교육원에서 얼마간 배웠는데 너무 전문적이라 큰 도움은 되지 않았다. 그래도 컴맹은 아니니 얼마나 다행인가.

중철이 이야기이다.

중철이는 육사를 졸업하고 결혼까지 했다. 지금은 서울 어느 부대에 근무하고 있으며 결혼 후 아직 아이가 생겼다는 소식은 접하지 못했다. 곁에 사랑하는 사람이 있어서 그런지 옛날처럼 자주 소식은 주지 않는다. 그러나 잊을 만하면 한 번씩 연락이 온다.

효정이 이야기이다.

다섯 살짜리 효정이가 벌써 초등학교 5학년이다. 아이에게 시골정서를 심어 주고 앞으로 작가가 되기 위한 작업으로 시내에서 시골로 새로 집을 지어 이사를 했다. 하지만 그 애의 엄마는 아직도 시장에서 이불가게를 한다.

효정이와 나와 시간이 잘 맞지 않아서 잘 볼 수가 없다. 그 애의 엄마도 장사관계로 아이를 데리고 나 있는 곳에 자주 오는 것도 아니고 하여 효정이 본 지가 꽤 오래 되었다. 어쩌다 만나면 몰라 보게 쑥쑥 자라 있음을 느낄 수가 있다.

찬옥이 이야기이다.

찬옥이는 이제 결혼을 하여 두 아이의 엄마다. 큰아이는 현

택이, 둘째 아이는 희택이다. 내가 모두 이름을 지어 주었다. 결혼 이후 찬옥이의 노랫소리는 듣지는 못했다. 가끔은 와서 시집 흉도 보고 남편자랑도 꽤 하는 전업주부가 되었다. 두 아이 다 엄마의 식성을 닮아서 그런지 고기를 잘 먹는다. 또 작은 음악회에서 만난 임동창 씨 피아노 소리가 좋아 이곳에 장사익 씨랑 함께 초청하여 공연을 갖기도 했다. 청소년 사업을 위한 기금 마련으로 말이다.

나에게 목바루를 선물했던 스님은 사람의 향기를 보고 몇 차례 거처를 알리지 않는 전화는 왔었지만 나도 연락을 묻지 않아서 통 모른다. 연꽃 그림을 잘 그리는 성효 스님은 얼마간 미국에 계시다가 지금은 용인 어느 암자에 암주로 계신다는 소식뿐이다.

이 외에는 그리 궁금해 하는 것 같지 않아서 생략한다. 그리고 크게 변화됨 없이 내 주위에 머물러 있기 때문에 책장을 넘겨 보면 금방 알 수 있는 이야기들이다.

나는 수행이라는 참 좋은 옷을 입고 있다. 더러우면 빨고 손질을 하고 그리 깔끔을 떨고 싶지 않는 평범하면서도 후회스럽지 않는 부끄럽지 않는 마음을 늘 내 이웃들과 함께하고 싶다. 그래서 나는 또 책을 내는지도 모른다.

10년을 함께한 인연들에게 큰 선물이 되었음 한다.

어머니와 나

　나는 예전부터 읽고 쓰기를 좋아해서 어느새 글쓰는 일이 내 수행에 없어서는 안 될 도반으로 자리매김한 지 오래다.

　글을 쓰면서 '어머니'라는 소재로 글을 써 본 적은 한 번도 없었던 것 같다. 정말 시로도 수필로도 어머니에 대한 내 감성들을 단지 흘리고 싶지 않다는 것 때문이다.

　작가가 이미 작품으로서 그 감성과 감정을 어떤 방법으로도 표현을 했다면 그것은 작가의 것이 아닌 독자의 고유물이기 때문이다.

　어머니. 그립지 않는 사람이 어디 있겠는가마는 내게 있어서 어머니는 더 그러하다.

　나는 어린 시절 거의 대부분 어머니가 아닌 할머니 손길에서 자라야 했다. 돈을 벌기 위해 또 여러 가지 사정상 할머니께 위탁 양육을 부탁하셨고 할머니는 어머니보다 훨씬 더 많은 애정을 가지시면서 어머니 몫까지 다 베풀어 주시려고 하셨던 것 같다.

어머니는 늘 당신 손으로 양육 못하신 것 때문에 늘 미안해하시면서 부족함 없이 무엇이든지 채워주어서 그 미안함의 보상을 채워줌으로써 받고 싶어하시던 어머니 모습.

출가 이후 더 짙게 내 가슴에 자리한 것 같아 어느 해이던가 도반이 챙겨준 생일날 미역국 속에 그 어머니 모습이 떠올라 한 편의 시로 그 마음을 달래보고자 했다.

출가일에 띄우는 편지

모두를 까맣게 잊고
살다가
그리움과 사랑으로 세어보는
인연의 횟수

맏딸은 살림 밑천이라는
옛 속담
떠나보낸
한스러운 가슴을 풀지 못해
지금도
그리 잠 못 이루신다는 내 어머니

삭발 염의한 모습 앞에

자식이 부모에게
효도하는 길은
대를 이어주는 것이라고

이후
길 가시다가
회색 빛 옷자락만 보아도
생각 생각이 겹쳐
목젖이 뜨거워지신다는 말씀

오는
바룻대 위에
뭉클 저미어 오르는
미역국 향기
낳아 길러 주심에
새롭게 피어오르는
한 알의 염주

졸저 「달을 보는 섬」 중에서 발췌 -

내 출가했을 때도 아마 내 어머니도 마찬가지 심정이었을 것
이다. 불교를 잘 알고 신심이 아주 깊은 보살님 더러 자식 중
한 사람쯤 출가시키라고 하면 금방 얼굴이 굳어진다. 불법이

좋고 스님이 좋은 것만으로 만족하고 싶지 자기가 낳은 자식에게 염의를 걸치게 하고 싶지 않다는 뜻이다. 그저 특별한 삶보다는 평범한 삶으로 살아주길 바라는 것이 모든 부모님들의 마음에서일 것이다.

어느 날 남다른 삶을 살기 위해 한마디 상의도 없이 홀연히 출가해버린 맏딸이 그리워 산천을 두루 찾아 다니셨고 그 딸을 먼 발치에서 보았을 때 이미 품속의 자식이 아님을 보고 통곡하셨다는 어머니. 회색 옷을 입고 삭발한 딸을 지천에 두고도 딸의 이름조차 부르기 싫어 절규하며 부처님을 원망하셨다는 어머니.

내 어릴 적 친구들 시집, 장가가는 모습만 보아도 가슴이 저려와서 제대로 축하해 주실 수 없었다고 하시던 어머니.

예쁜 옷을 입은 아가씨를 보면 누더기 입은 내 모습이 생각나서 견딜 수 없었다고 하시던 어머니.

남들 앞에 스님 된 딸이 있다는 것이 큰 죄인처럼 느껴져 고개 들지 못했다고 하시던 내 어머니.

"너무 억울하지 않느냐. 내가 어떻게 키운 자식인데 니가 무슨 죄가 있어 이렇게 살아야 하니. 자식이 부모에게 효도하는 길은 결혼해서 대를 이어주는 것인데 너는 평생 불효하면서 부모 가슴에 못질을 해야 하느냐시며 돌아가자, 그리고 옛날처럼 살자"고 하시던 어머니.

이제 그 어머니도 담담하심보다 초연해 보이시는 모습. 환갑, 진갑을 다 넘기신 지금은 이렇게 말씀하신다.

"내 이만큼 살아보니 너 참 잘했다는 생각이 든다. 처음에는 머리 깎은 네 모습이 불쌍하고 억울해서 정말 보기 싫었는데 지금은 다르다. 부처님 시봉하면서 모든 사람의 귀의처가 되는 것은 복이 있는 사람만이 할 수 있는 일이다. 나 요즘 막 자랑한다. 내 딸이 훌륭한 시인 스님이라고 멋진 스님이라고 말이야. 내가 스님께 말을 함부로 하는 것 같은데 스님이기 전에 내 딸이니까 괜찮겠지. 신도들 앞에서는 깍듯이 모시겠다."고 말씀하시던 어머니.

자식이 자식을 낳아 보아야 그 자식을 보면서 부모의 심정을 헤아릴 수 있다고 했는데 나는 평생에 부모의 마음하나 헤아리지 못한 불효임에 틀림이 없다. 왜냐하면 부모의 마음에 효도함은 큰 효도이고 부모의 육체에 효도함은 작은 효도라고 하는데 나는 어느 것 하나 헤아리지 못하고 있으니 말이다. 아직도 딸이 왜 갑자기 산으로 갔는지 궁금해하시는 어머니. 이것이 큰 화두라는 말씀.

기도로 남은 여생을 보내고 싶어하시는 어머니께 나는 불교를 강요한 적은 없다. 한때 딸이 절 집에 있다는 소식을 접하고는 "절에 가서 여태 불공드린 것이 부처님께 내 딸 데리고 가소하는 식밖에 되지 않아"라고 하시며 절 집과 인연을 끊고 외도의 길을 걸으셨던 어머니.

이제 돌아와 내 자식이 평생을 바치면서 살고자 하는 불교에

매료되어 책을 사 보시고 큰스님 법문 테이프 구입하여 들으시고 간간이 내 수행의 게으름까지 지적해주시는 어머니.

그 어머니를 내 어찌 함부로 표현할 수 있겠는가.

어머니라는 자리는 그저 아낌없이 아무런 대가없이 베풀기만 하는 자리이다. 그 자리는 어머니가 되어 보지 못한 사람은 그리 헌신적으로 사랑을 베풀 수가 없다. 사랑의 힘은 분명 위대하다. 그 중 어머니 사랑은 아주 큰 것이다. 어머니 사랑은 주어도 주어도 샘물처럼 쏟아져 나오는 것이다. 이것은 불교에서 말하는 무주상 보시이며 보살의 사상이라 할 수 있다. 이제 내 나이 40대 중반에 서 있다. 지나온 일, 앞으로 일 담담히 관찰해볼 수 있는 나이이다. 내 어머니가 내 나이 때쯤 나는 어머니 곁을 떠나와서 지금 이 자리에 서 있다. 어머니가 없었다면 나는 아마도 이 자리에 있을 수가 없었겠지.

「연꽃신문 97年 8月」

매화라는 것은

옛부터 묵객들은 사군자의 하나인 매화를 놓치지 않는다.

매화는 3~4월에 잎보다 꽃이 먼저 핀다. 꽃은 흰색, 담홍색, 홍색 등이며 대개는 홑겹으로 피지만 겹으로 피는 종류도 있다. 또 매화에는 여러 가지 품종들이 있다. 매화수, 천지매, 삼매, 홍매화, 품자매, 고매, 조매, 홍매, 중엽매, 야매, 조수매, 오매, 매실, 매실나무, 미인매, 청매, 청매당, 호문매, 화형, 춘고초, 설중매 등 수많은 품종들이 우리 곁에 있지만 우리는 그냥 매화라고들 한다.

겨울 추위가 채 가시기도 전에 피는 꽃을 우린 설중매라고 하고 으뜸으로 친다. 매화꽃에는 고고하고 은은한 향기가 있고 수십년 된 나무의 등치에서 잔가지가 나와 그 가지 끝에 몇 송이의 꽃이 피면 더욱 운치가 돋보인다 하여 이것을 고매라고 한다. 열매는 6월에 맺는데 이것을 매실이라 하여 식용 약용으로도 쓰이는데 그 효과가 매우 뛰어나다. 식용에 쓰이는 매실은 주로 청매실을 이용하는데 매실 엑기스는 소화, 건위 정장

등에 뛰어난 효과가 있다고 한다.

내 주위에 매화라는 이름을 가진 불자가 있다. 그는 해마다 매실 엑기스를 만들어 내 건강을 챙겨 주기도 하며 손끝이 매워 살림도 잘하는 현모양처이다. 이곳에 있을 때 오랫동안 곁에서 일을 도와주다가 남편이 발령을 받아 지금은 순천에서 살고 있다. 그는 오랫동안 중풍으로 고생하고 있는 시어머니를 모시고 살고 있다. 성격이 다른 사람보다 조금은 튀는 성격이라 불편해 하는 사람들도 더러는 있었지만 성격만큼 모든 일 처리를 깔끔하게 추진력 있게 해주어 성격 값을 톡톡히 해내는 사람이다. 튀는 성격 반대편에는 그만이 가지고 있는 순수함이 있어 그 점이 다른 사람과 다른 매력이다.

내가 그를 높이 평가하는 것은 병든 시어머니를 모시고 산다는 것 때문이다. 이번에도 거동이 불편한 시어머니가 그것도 딸네 집에 가셨다가 화장실 바닥에 미끄러져 엉덩이뼈가 부서져 대수술을 받는다는 연락이 왔다. 멀리 있어도 애경사 일을 꼭 의논하는 그에게 나는 이렇게 말했다.

"전생에 시어머니한테 진 빚이 많기 때문에 그 빚을 다 갚기 전에는 쉽게 인연이 끝나지 않으니 그 빚을 갚아간다는 마음으로 더 지극히 병간호를 해드려라."고 했다.

이런저런 인연으로 병문안을 가겠다는 나를 그는 만류했다. 먼길에 모처럼 내려오시는데 따뜻한 공양 한번 대접 못하면 마음이 불편할 것 같으니 퇴원하시고 집에 계실 때에 겸사겸사 내려오시라는 그의 부탁을 받고 나는 이래저래 내려가는 것을 미뤄 두었다. 장거리 길 떠남이 이제 가고 싶다는 생각만으로 움직여지는 것이 아니라 걱정이 앞서기도 했지만 마침 운전도 해주고 그와 인연 있는 이가 함께 동행을 하겠다기에 순천으로 그도 보고 문병도 갈 겸해서 내려갔다.

거동이 불편한 시어머니의 똥오줌조차 손수 다 받아내는 형편인 그는 그전보다 더 편안해 보였고 짜증 없이 당연히 하는 일로 굳히고 있는 그의 모습에 '보살행이 따로 없구나, 입으로만 이론적으로만 떠들어 가는 것보다 한번의 실천행이 얼마나 아름다운 것인가!' 하는 것을 그를 보면서 더 느꼈고 내 스스로가 부끄러웠다.

왜냐하면 꽤 오랜만에 이번 초파일은 스님 곁에서 지내고 싶다고 올라오신 내 어머니에게 나는 단지 내 생활과 맞지 않다는 단순하고 이기적인 생각에 계시는 동안 편안히 모시지 못한 것이 돌이켜지고 부끄러움이 일어난 것이다. 만약 내 어머니가 내 곁에서 내 생활 모두를 중지시킨다면 나는 아무런 말없이 보살행의 길잡이 역할을 할 수 있을까 하는 생각을 해보며, 반문해 본다. 늘 생각이 일어나도 행동이 따라주지 않고 또 입으로 그렇게 할 수 있다고 내뱉어 보지만 실천행이 불가능해지는 것은 누구에게나 자신이 없는 부분이기 때문이다.

자신의 생활에 불편하다는 이유로 우리 주위에서는 병들고 늙은 부모를 버리고 양로원으로 모시는 경우들이 허다 하기에 이렇게 참불자의 길을 가는 그녀의 모습이 더 값어치 있어 보였다. 스님들께 공양 대접하기가 제일 어렵다고 하면서도 그는 곧잘 음식을 입에 맞게 만들어 낸다. 일행들이 휴게소에서 간식을 하려고 하면 나는 속을 비워 두라고 몇 번이나 일러두었다. 그의 솜씨를 잘 알기 때문이다. 그의 집에 도착했을 때 그의 솜씨가 연출된 음식들이 우리들의 시장기를 덜어 주었다. 또한 마침 쉬는 날이라 집에 있을 때 이렇게 왕림해주셨다고 그리 반가워하는 그의 남편은 천성이 꽤 조용한 편이고 함박웃음이 많은 그의 남편의 마음써줌이 우리를 기쁘게 했다.

그는 점심 한끼 대접이 부족하다고 낙안읍성으로 우리 일행을 안내했다. 낙안읍성의 재단은 '뿌리 깊은 나무' 재단이라고 설명하는 순천 포교당의 청년들은 포교기금을 마련하기 위해 찻집을 운영하고 있다고 한다. 낙안읍성은 조선시대의 읍성으로 보존이 잘 되어 있는 편이었고 읍성의 특성은 들 가운데 있다는 점과 왜구의 침입을 막기 위해 쌓았다고 하는 야성의 동문 남문 서문이 큰 도로와 연결되어 있는 것이 다른 성에 비해 매우 특이했다.

현대화의 물결에 의해 읍성은 그리 고고한 멋은 없고 사람이 살고 있기 때문에 정리정돈이 잘 되어 있지 않은 채 관광의 명소로 안내되어지고 있던 터라 그리 깨끗한 인상을 주지 못했다. 우연히 들린 찻집에서 먼길의 피로를 잊으라는 뜻으로 듬뿍 넣은 꿀과 잘 어우러진 송차맛이 꽤나 시원했다.

매화는 눈 속에서 피워내는 꽃이므로 강하고 꼿꼿하다. 이런 인품을 담은 유매화 씨, 병든 시부모 수발에도 편안해 보이는 모습, 이 모습이 바로 우리들이 실천해야 할 덕목이 아닌가 몇 백 권 경전을 읽고 몇 십만 번 염불을 했다고 할지라도 정말 비울 때 비울 수 없는 마음을 가지고 있다면 아무런 소용이 없는 일이 아닌가? 참으로 불법을 만나는 것은 비울 때 비울 수 있는 불자여야 한다.

「등불 6月」

아직도 그 자린엔 반송나무가 있더라

몇 년을 두고 그분의 덕망과 지혜의 그늘 밑에서 배우고 닦으면서 한 가지도 똑똑히 답례를 제대로 하지 못하고 떠나옴이 늘 마음에 걸려 남들처럼 쉽게 운문사를 내왕할 수가 없었다. 왜냐하면 나는 그곳에 살면서 물질적 정신적으로 그분의 덕을 많이 보았기 때문에 잠시나마 그분의 곁에서 손발이 되어 드리는 시늉이라도 하여야 하는데 마음만 있을 뿐 실천을 여태 못하고 있으니 내가 그분을 위해 나 스스로 했던 약속을 지키지 못하고 있는 셈이니 어찌 가벼운 마음으로 다닐 수 있단 말인가. 해서 나는 자주 가보고 싶었지만 사실은 졸업 후 거의 가보지 못한 셈이다.

남들처럼 핑계삼아 동문회도 참석하고 그랬다면 덜 무거운 마음이었을지도 모른다. 그 무거운 마음을 이제는 좀 덜어야겠다는 생각에 대중공양이라는 이름으로 신도들을 앞세워 생각만 하여도 그리움과 싱싱함들이 물씬 되살아나는 그 곳을 찾아가는 데 용기를 내었다. 그 곳에서 공부할 때 함께 공부하던 도반들은 늘 얻어먹기만 한 것이 빚이 된다고 은사스님이 아니면 반연된 분들이 더러 오셔서 이름을 내걸고 공양을 하고 갈 때 받기만 할 뿐 베풀 수 있는 여건이 되지 않았던 나의 어린 가슴은 마냥 아프기만 했던 적이 있었다.

이런저런 내가 겪었던 그 감정의 상처들을 내 이름으로 머리를 깎은 아이에게는 주지 않겠다는 마음, 아니 졸업하기 전 능력 없는 은사보다 빚을 덜어 은사이고 싶었다는 마음이 더 큰 이유인지도 모른다.

오랜만에 이어지는 운문사행은 이러했다.

큰 걸망 속에 한 철 동안 지낼 온갖 소지품들을 잔뜩 담아 메고 터덜거리며 갔던 비포장도로는 이젠 차가 아주 매끄럽게 달릴 수 있도록 포장을 잘 해 놓았고 몇 개의 마을이 물이 잠겼는지는 모르지만 거대한 댐의 물은 그저 낯설기만 했다.

아, 저곳에서는 2월 초하룻날 쑥떡 탁발을 했는데 그 마을들이 다 없어졌구나. 저 좁은 산길로 석남사, 표충사 산행을 했는데 어느새 큰 도로가 들어서서 승용차가 쌩쌩 달리고 있구나. 저기에는 모를 심으면서 새참을 먹던 곳인데 다 어디 갔을까 흔적을 찾아보았지만 그저 낯설기만 했다. 운문사 도량도 마찬가지였다.

20년 가까운 시간 동안 많은 변화로 거듭된 그 자리들, 옛날의 기억들은 옛날의 기억으로 묻혀져 버렸다. 허나 변하지 않고 나를 반겨 주었던 것이 있었다면 반송나무와 그분의 덕망이다.

작은 집 한 칸 일으켜 세워놓고 나는 쉽게 지치고 힘들어하고 허망함 들을 스스로 만들어 가면서 생활하는 나를 부끄럽게 했던 것은 아흔아홉 칸의 불사를 하여도 지치지 않으신 그분의 모습이었다.

비구니계의 절반 이상을 제자로 키워내신 이 시대 불교의 거목이신 그분을 누가 칠순에 가까운 분이라 하겠는가. 아직도 내 20대 초반의 의지처이신 그 모습 그대로 나를 반겨 주셨다.

세속적인 이야기로 미뤄 본다면 정년퇴직을 하여 벌써 강단에 물러나도 몇 번이나 물러나야 하시는 연세인데도 퇴직 없는 자리에서 당당히 후학들에게 강의하시는 모습, 그 모습으로 운문을 지키고 키워 내셨기 때문에 오늘날의 불교가 이만큼이라도 발전한 것이 아닌가.

나는 예나 지금이나 별다른 표현 없이 먼 발치에서나마 그분을 존경한다. 또 대단한 지혜와 복덕을 겸비하신 분이라 생각하여도 부끄러움이 없다. 사람은 뜻이 있는데도 실행을 옮기지 못하는 사람이 있는가 하면 실행에 옮겨도 뜻이 따라주지 않아 하나도 이루지 못하고 포기하는 사람들을 지혜와 복 중 하나가 결핍되어 있기 때문이라고 한다.

허나 그분의 분상에 있어서는 원력만 세웠다면 그 원력의 결실이 눈에 훤히 보일 만큼 실행으로 이끌어 내는 그 대단한 힘은 아마 그분만이 아시고 가지시는 수행의 힘이 아닐까 하는 생각이다. 또 그분의 그늘 밑에서 늘 그분의 사상과 덕을 배우면서 실천수행하시는 홍륜, 일진 두 분 스님은 운문이 키워낸 큰 보배임이 분명하다.

　나는 그날 따라 왜 그리도 그 두 분 스님이 부러웠는지 모른다. 400년 전 이곳을 지나던 한 스님이 시든 가지 하나를 꽂은 힘으로 아직도 운문의 과거 현재의 스님들의 안식처가 되고 모든 변화가 거듭되어도 그 반송만이 싱싱함을 그대로 보여주고 있는 이상 운문을 거친 모든 수행자들은 겸허와 미덕을 배울 것이다.

「운문」

전혀 다른 모습

'님이 오신 날' 행사를 치룬 다음다음 아침나절이었다. 인기 척이 나기에 창문을 열어보니 웬 중년 여인이 서성이고 있는 것이 아닌가. 조금 먼 발치에서 물었다. 어디서 왔느냐고. 자기를 알아보지 못한 내 말투가 서운했는지 한참이나 머뭇 머뭇거리다가 전에 한 번 온 적이 있는데….

내가 고개를 갸우뚱거리며 그녀 곁으로 가까이 다가서는 순간 나는 이 한 마디로 그녀를 확인한 순간이었다.

"아, 그 보살님 아니십니까?"

나는 그녀를 두 번 만난 적이 있다.

처음 이곳에 세원사라는 이름을 걸고 어린이 여름학교를 시작하려고 했을 때 아이들 간식 값조차 내 수중에 없을 때 일이다. 혹 가까운 사찰에라도 찾아가서 이야기한다면 아이들 간식 값이라도 충당할 수 있겠지 하는 마음으로 가까운 절로 찾아갔다가 송두리째 무시당하고 돌아온 적이 있다. 그 때 그 허허로운 마음을 달랠 길 없어 법당에서 부처님과 심한 정신적 갈등을 빚고 있을 때 누군가 등 뒤에서 아주 곱게 절을 하고 있는 것이 아닌가.

바로 그녀였다. 친정에 왔다가 절이 생겼다는 반가운 소식에 참배하고자 왔다고 했다. 그리고 봉은사 불자라는 것을 분명히 내게 밝혔다. 자기 고향에서 부처님 법을 펼쳐 나갈 스님께 조그마한 힘이라도 되어 주고 싶다고 하기에 난 스스럼없이 어린이 여름학교 운영비에 관한 이야기를 하게 되었고 또 그녀는 조금도 주저하지 않고 필요한 물품을 구해서 보내겠다고 하고는 서울로 올라갔다. 얼마 후 그녀는 내가 원하는 아이들 가방이 준비되었으니 찾아가라고 하여 조계사 부근에서 그녀를 잠깐 본 것이 마지막이었다.

내가 이웃 절의 주지스님의 몰지각한 행동과 언어에 불유쾌감을 삭이느라 힘들어 할 때 그녀의 상없이 마음 써줌이 고마워 늘 잊지 않고 있는 터라 모습이 많이 변한 그녀였지만 쉽게 알아볼 수가 있었다. 물질의 형상이 그 곱고 단아한 모습을 앗아갔지만 마음의 빛깔을 닦아가는 그녀의 모습은 흐트러짐이 없어 보였다. 그 동안 힘든 일이 많아서 내 모습이 독하게 변하여 스님이 쉽게 알아보시지 못하면 그냥 돌아 가려고 했다고 했다. '평생 지고 갈 업'이라는 말만 하고는 그녀는 끝내 심중의 말을 수다로 풀지 않았다. 신심이 돈독한 그녀가 그것도 친정에 내려와 '님이 오신 날' 등불을 먼 발치에서만 바라보았다는 그 말소리가 떨쳐지지 않는다.

　외형의 그림자가 거두어진 지금 그녀의 마음에 그래도 신심
이라는 보배가 있기 때문에 결국 힘든 것처럼 보일 뿐이지 그
힘듦을 훨훨 떨쳐 버릴 수 있으리라고 나는 믿는다.

「세계일화 5. 6」

이름 앞에 선 이름

　봄 가뭄을 해소시키는 단비가 온 종일 내려 주자 풍년을 일구자는 내 이웃들의 손길은 비닐 집 못자리로 시작하여 너른 들판으로 옮겨지고 있다. 이번 비에 그만 몽땅 꽃잎을 떨구고 말았던 벚꽃은 그렇게 그렇게 잠깐 봄날을 장식하고 우리 곁을 떠나갔지만 그 화려한 꽃잎 대신 물오르는 무수한 빛의 줄기들이, 눈에 넣어도 아프지 않을 만큼 곱게 서서히 드러내고 있다.

　언제 누구로부터 붙여진 이름인지는 모르지만 저마다 이름이 있어 불려지고 그 이름 앞에 부끄럽지 않을 만큼 그 모두를 활활 사르며 시야를 넓혀주고 있다.

　나는 이런 봄날에 내 이름을 걸고 두 권의 책을 내놓았다. 격에 맞지 않는 출판 기념회도 가졌고 또 전에 없이 좋은 책이라는 호평의 전화도 많이 받았다. 기분 좋고 우쭐해지는 그런 기분만은 아니었다. 한동안은 내 책을 만난 사람을 만나는 일이 두려워 침묵의 시간으로 보내거나 화제의 초점을 딴 곳으로 돌리기도 했었다. 왜냐하면 내 속살을 다 내보인 그런 기분이었기 때문이다. 그것은 나라는 연계고리 속에 붙여진 이름이 있기 때문에 그 이름 앞에 부끄럽지 않기 위해서이다.

어떤 사람이 내게 와서 말하길, "어떤 어떤 내용은 글로 표현하지 않았으면 하기도 하고 그 내용 참 가슴에 와 닿는 이야기더라 꼭 나를 두고 한 말 같은 느낌을 받았다"는 등 읽은 후의 평가가 읽지 않는 사람보담 또 느낌이 없는 사람보담 훨씬 기분이 좋은 이야기임은 분명한 이야기들을 전해주었다.

글은 솔직하고 진솔한 표현이어야 한다. 그 표현 속에 또 다른 문제 제기와 방법을 제시한다면 보다 나은 보탬을 읽는 이들은 가져갈 것이다. 또 글쓰는 이들은 개인의 감정 의견 편견까지도 붓끝에서 흘러나와야 한다. 좋은 점만, 듣기 좋은 말만 표현할 수 없는 것이 또한 글이다.

가령 어떤 내용의 줄거리가 나의 이야기라면 나 스스로가 느끼지 못한 문제를 발견할 수 있을 것이다. 얼굴을 바라보면서 이야기할 수 없었던 이야기들을 글로 표현하여 서로의 감정을 전달할 수 있다면 이보다 더 큰 무언의 교훈이 있을까 싶다. 적어도 작가라는 이름을 가진 사람이 어떤 사람이 미워서 그를 욕하는 글을 쓰고 싶을 경우 그 사람의 장점을 모른다면 글을 쓰지 말아야 할 것이며 또한 독자는 작가가 쓴 글의 깊은 뜻과 영혼의 심연(深淵)을 읽을 수 없다면 글에 대한 평은 하지 말아야 한다.

중국의 작가 임어당은 시와 산문을 두고 이렇게 말했다.

“시란 감정의 색채가 물든 사상이다.”

사람을 새로운 경지로 이끌어 들일 수 있는 한 수(首)의 시는 일종의 기도와 같은 것이다. 좋은 산문은 반드시 재능의 폭과 윤곽을 충분히 발휘하고 용납할 수 있어야 한다.

좋은 산문의 진전은 반드시 자연스러운 발걸음으로 넘어 가야 한다. 좋은 산문은 지나치게 고상해도 안 되고 너무 안정된 결구(結構)를 가져서는 안 된다. 충분히 하나의 주요한 인물을 묘사할 수 있어야 하고 반드시 사리가 있고 통탈하며 사람을 사근사근하게 감동시켜야 한다.

나는 적어도 임어당님의 말을 빌리지 않아도 내 이름을 걸고 나간 이름 앞에는 솔직하게 붓 가는 대로 들은 대로 느낀 대로 내보였다. 그렇기 때문에 한 권의 책이 그 모습을 나타낼 쯤이면 많은 허탈감과 부끄러움이 앞선다. 내 품에서 떠나 독자의 것으로 다가서기까지 말이다.

시와 수필의 차이를 이번에 읽는 이로 하여금 더 생생히 느낄 수 있었다. 시를 어렵게 느끼는 사람에게는 산문은 한 걸음 편하게 읽을 수 있는 볼거리가 된다. 시집 한 권에 몇 권 분량의 산문집이 들어 있고 그 속에 많은 이야기들이 살아서 움직이고 있다는 사실을 아는 사람은 몇 안 된다.

쉽게 풀어쓴 이야기들이 빨리 독자와 가까워질 수 있는 것도 되겠지만 자칫 잘못하면 자기 감정을 토해낸 넋두리로 변모할 가능성이 있다. 읽는 이들 중에 기분 좋게 비슷한 자기 이야기도 있을 것이고 기분 나쁜 이야기도 있을 것이다. 허나 나는 눈치 볼 필요 없이 마음 속 영혼의 활동이 있는 한 붓 가는 대로 쓸 것이다.

활짝 개인 바깥 날씨지만 아직 살 속으로 찬바람은 인다. 뜨락 잔디 틈 사이로 본능적으로 일어서는 풀싹들은 내 손길을 무서워하는 듯 햇볕에 반사되어 잘 보이지 않는다.

펜을 놓고 이제 뜨락으로 내려가 호미를 들고 구석구석 잡풀을 뽑는 생활인으로 오늘 해를 넘겨야 하겠다.

「불교세계」

소똥도 인연이 되면 약이 된다

　느긋하게 좀 여유 있고 찬바람이 그다지 들어오지 않는 보호막을 느낄 수 있는 공간이 훨씬 나은 편인데도 감기 기운은 전에 없이 체내에서 오래 머물고 있다. 다들 환절기이거나 겨울이거나 하면 한 번쯤 앓는 문명병이라고 하지만 나도 놓치지 않고 으레 앓고 넘어 가는 편이다. 때론 가볍게 때론 심하게 앓기도 하지만 이번처럼 호되게 고생하면서 시일을 끈 적도 없으니 인사받기가 민망할 정도이다. 혼자서 묻혀 정진하는 공간이 아니라 마음놓고 앓을 수도 없고 또 목탁소리 사이로 나의 허약성을 보여 주는 듯하여 미안하기 그지없다.

　나는 한번 감기를 앓게 되면 천성적인 기관지 알레르기 때문에 꽤나 고생한다. 약간의 감기 기운이 있으면 의지적으로 이겨 나가려는 힘보담 쉽게 약을 복용한다. 약국에서는 감기약 정도뿐 아니라 거의 통상적인 약을 주기 때문에 그 약을 먹고 반드시 병이 완쾌된다고는 할 수가 없다. 어떤 때는 약의 효험을 보기도 하겠지만 어떤 때는 보편적으로 선택하는 약으로 의해 더 큰 병을 초래하기도 한다. 나도 가벼운 기침일 때는 약방문을 곧잘 두들기기도 하지만 기침이 깊어지면 꼭 찾아가는 병원이 있다. 다른 병원에서 치료되지 않은 부분들이 이 병원에 오게 되면 그리 쉽게 물러 나가주니 아니 올 수가 없다.

어느 해인가 심한 몸살로 이 병원을 다녀온 후 그 병원장의 따뜻한 마음을 글로 표현한 적이 있는 곳이기도 하다. 늘 무료진료를 해주기 때문에 웬만하면 피해를 주지 않으려고 하지만 체내에서 머물고 있는 감기기운과 그 병원약이 합이 되어 머물러질 때 그 때에서야 나는 감기라는 것에서 해방될 수 있으니 하는 수 없이 매번 신세를 지게 된다. 왜 이런 말이 있지 않은가. 아무리 명의고 명약이라 할지라도 인연이 되지 않으면 소용이 없다고. 하찮은 소똥이라도 인연이 되면 약의 효과를 거둘 수 있다고. 대부분의 사람들은 말을 한다.

'내가 어떤 약을 복용했더니 좋더라.', '어떤 병원에 갔더니 잘 낫더라.', '어떤 음식이 좋은 약이 되더라.' 등의 권유로 타의반 자의반 체질과는 상관없이 약이랑 음식을 복용할 때가 더러 있다. 상대방이 그 음식이 맞고 그 약의 효과를 보았다고 해서 반드시 나에게도 그런 효험이 있으라는 법은 없다. 그것은 체질이 다르기 때문이다. 평소 자기 체질에 맞는 음식과 약을 선택하여 그때그때 지혜롭게 건강을 유지해 나가는 것이 현명한 방법일 것이다.

이러한 것들을 즉 나와 맞다고 느껴지는 것을 흔히 인연이라고 표현하지만 역학에서는 이를 궁합이 맞다고 한다. 즉 합을 이룬다고 한다. 궁합은 역학상의 술어이다. 즉 '자리' 라는 뜻으로 인격의 총체를 일컫는다. 성격, 환경, 유전적 인자, 성(性)적인 요소도 포함되어 있다고 해서 인생의 중대한 사건을 매듭짓는 일, 인연 짓는 과업이라고 한다.

옛 조상들은 반드시 혼기를 앞둔 자식이 있으면 꼭 궁합을 맞추어 보고 결혼을 시켰다. 남과 인연을 맺어 한평생 살아가면서 장애 없이 오손도손 살아가야 하는데 기분 내키는대로 아무나 만나서 살다가 보면 원대로 행복이 이루어지지 않기 때문이다. 처음에는 서로가 좋아서 선택하여 아무 탈없이 지내다가 시간이 지나고 보면 서로의 결함이 보이고 권태가 오고 이 합이 맞지 않아서 염세적인 생각 때문에 쉽게 이혼을 하고 별거를 하기 때문에 순간의 잘못 선택이 평생을 그르치는 이러한 불행을 막아 보자는 뜻에서 이뤄지는 일이라고 볼 수 있다.

요즘 세대들은 옛 사람들이 맞추어 본 궁합 따위는 무시하고 기분 내키는 대로 만나서 싫으면 헤어지기 때문에 날로 이혼률이 높아지고 부부 가치관이 흔들리고 있다고 어떤 역학자는 꼬집어 말하고 있다. 이것은 아마 오행상의 자연 이치를 거스르지 않는 방법을 택하여 순조롭게 흐름을 타자는 뜻일 것이다.

흔히 겉궁합은 외피적인 짝맞춤이고 속궁합은 성(性)적 짝맞춤이라고 한다. 그래서 겉궁합보다 속궁합이 좋아야 한다고 옛 사람들은 말하지만 반드시 부부 사이가 성적 언밸런스에 의해서 모두 불만하고 이혼한다고는 할 수 없다.

각각 다른 환경에서 살아온 성격의 차이, 경제적 이유, 환경적 요소 등으로 이혼이 이루어진다고 볼 수 있는데 1년간 법정 이혼 수가 2만건이 훨씬 넘고 결손가정 자녀 수는 5천명에 이르고 있다는 통계학적인 글을 보면서 만남과 헤어짐의 소중함을 다시 한번 인식 해야 할 과제인 듯하다. 어쩌면 옛 조상들이 궁합이라는 방편을 빌려 자식의 행복을 기원하는 그 지혜가 이 점에서는 얼마나 고마운 자연의 도리인지 모르겠다.

남자와 여자가 결혼하여 아무 탈 없이 한평생 좋은 결실을 맺고 잘 사는 것을 궁합이 맞는 부부라고 한다. 나는 음식도 약도 마찬가지가 아닐까 하는 생각이다. 어떤 음식이든 함께 섞어서 먹을 때 영양효율이 높아지는 형상을 궁합이 맞다고 할 수 있고, 그렇지 않은 음식은 궁합이 잘 안 맞는다고 할 수가 있다.

누구든지 한 번쯤은 경험이 있을 것이다.

어떤 음식이 체내에 들어갔을 때 다른 사람은 아무런 탈이 없는데 유독 탈이 나는 경우가 있다. 물론 먹거리의 부주의도 있겠지만 그 먹거리와 그 사람의 체질이 맞지 않기 때문에 이러한 현상이 일어난다. 남들이 아무리 좋은 약 좋은 음식이라고 하더라도 내 체질에 맞지 않는 것은 좋은 것이 될 수 없다. 자기 체질에 맞는 음식과 절제만이 건강을 지켜주는 비법일 것이다.

내가 감기를 앓는 것도 이러한 섭생의 지혜가 부족하기 때문에 남들이 하는 문명병을 앓는 것일 게다. 물론 물 한 모금 마음놓고 마실 수 없을 만큼 오염된 환경 속에서 살고 있다고 하지만 그 환경에 적응할 수 있는 힘을 기르지 못한 내 무지함이 바로 자업자득 아닌가.

한동안 내 영혼이 깃든 곳에 예고없이 들이닥쳐 동거동락하다가 내 체질과 병원약이 합을 이루어 더는 머물지 못하고 살며시 꼬리를 감춘 감기라는 놈에게 그래도 섭섭하게 대접하지 않는 것 같아 그리 서운하지는 않다. 그래서인지 오늘 제대로 바깥 공기를 마시고 보니 한결 향기롭다. 이 향기로운 바람 속으로 봄은 우리 곁에서 서서히 움직여 주겠지. 자연섭생에 따라 아주 순리적으로 말이다.

「불교세계 95年 4月」

어떤 독자의 독후감

먼지 벗은 초록의 잎새가 한결 더 싱그럽게 다가오는 그런 날이다. 이런 날 햇볕에 반사되어져 내려오는 푸른 잎들을 찬찬히 바라보면서 마시는 우전차(곡우 전 만든 녹차) 한잔의 향기와 맛은 생각을 잠시 멎게 하는 그런 느낌이다. 웬지 모르게 번거로운 것이 이제는 귀찮아지고 가능한 편리하게 손쉬운 것들을 선호하다 보니 찻잔을 어루만지면서 여유를 느끼지 못한 각박한 마음이 한동안 차 맛을 잃었던 것 같다.

얼마 전 운문사에 내려간 일진 스님이 보시금을 모아서 마련한 우전차 한 통을 우편으로 보내 왔기에 그 정성이 고맙기도 하고 그 동안 편리함에 물들어 차 맛을 잃고 사는 내 모습이 부끄럽게 느껴지기도 했다.

때마침 또 멀리서 반가운 도반들이 왔기에 시음을 하면서 역시 차는 우전차 맛이 최고라고 탄복하기도 했다. 옆에서 말 되묻는 이 없고 불필요한 전화벨 소리 들리지 않으니 자연의 소리가 한결 더 곱게 들려오는 이 시간에 마시는 이 차 한잔의 여유로움이 왜 이리도 소중하게 느껴지는지 모르겠다.

　누군가가 말했다. 차(茶)는 몸으로 마시는 것이 아니고 마음으로 마시는 것이라고. 또 여럿이 마시는 것보다 혼자서 마시는 것이 최상이라 했다. 혼자서 마시는 차를 신(神)이라고 다신전(茶神傳)에서는 말하고 있다. 이것은 신령스러워 세속을 여읜 그런 경지를 말해주고 있는 것이다.

　오늘 이 차 맛이 신(神)이라는 의미를 내게 주지 않아도 좋다. 이보다 더 깊은 영혼을 넘나들 수 있는 독자를 만나고 있기 때문이다. 독자와 작가 그 영혼의 맥박이 뛰고 있음을 난 듣고 싶기 때문이다.

　얼마 전 잘 아는 이웃이 내게 와서 말하길 이웃에 사는 기독교 신자가 사인한 스님의 수필집을 받고 싶다고 하는데 줄 수 있느냐고 물었다. 책을 읽겠다고 하는 사람인데 그 사람이 무슨 종교를 가지고 있든 나는 별 관심을 두지 않는다. 그래서 책 한 권을 건네주면서 다 읽고 난 후 그 느낌을 말해 준다면 책값에 대한 보답이라고 말을 흘린 적이 있다. 그 흘린 말의 대가로 오늘 잘 봉해진 봉투 하나를 받았다. 독후감이었다. 처음엔 좀 당황도 했고 궁금도 했다. 어떤 시각으로 소화했고 어떤 생각을 일으켰는지 말이다. 이미 작가 손에서 떠난 작품은 작가 것이 아니고 읽는 독자의 것이기 때문에 읽는 사람 개개인이 느끼는 그 감정과 사상은 다르기 마련이다.

　그래서 작가가 자기의 작품에 취해 느끼지 못한 부분들을 독자들이 더 날카롭게 지적하고 평가할 수 있기 때문에 작가들은 독자들의 소리를 들을 필요가 있다.

책을 통한 사상과 감정이 서로 통하는 데가 있는 작가와 독자의 만남은 작가가 자기 영혼과 만나는 것과 다름이 없다. 한 사람의 독자에게라도 진실한 만남의 책이 되었다면 다소 상품성이 없더라도 원고지를 메워간 시간이 고마울 뿐이다.

내 졸작 『사람의 향기』를 읽고 난 그 독자의 느낌을 다른 독자들의 이해를 돕기 위해 지면에 공개해 본다.

책의 제목이 사람의 향기라 함은 어떤 의미로 부여되었는지 정확한 저자의 의도는 알 수 없으나 여기의 전체에 흐르는 사상의 바탕이 되는 것은 나처럼 불교에 전혀 문외한도 감히 느낄 수 있는 부처님의 사랑이라고 하겠다. 사람은 누구나 자기의 중심적인 삶을 영위하고 있으며 여기에 어떤 향기가 풍길 수 있음은 이 또한 아름다운 일이리라.

농부는 농삿일에서 다스리고 또 다스리는 일에서 사회의 일원으로 하늘을 우러러 부끄럼 없는 일을 한다면 진정 아름다운 향기가 나리라. 그러나 우리네 범인들의 삶에서 어디 한 곳 향기를 느낄 수 있을 것인가. 더 많이 소유하고자 더 빨리 더 먼저 목적을 달성하고자 아귀다툼에 몰두해 있는 이는 향기가 아닌 역겨운 냄새가 날 뿐이 아닌가.

세상에는 수많은 종교가 있고 우리 나라 인구보다 더 많은 통계의 종교인이 있음에도 진정 우리가 종교의 향기를 맡은 적은 얼마나 되는가 생각해 보면 이 책의 서두에서부터 끝까지 잔잔하게 흐르는 줄기는 한 신앙인으로서의 향기가 아니고 무엇이겠는가.

각기 다른 사람들이 다른 모습으로 우리네 인생을 만들어 가고 역사를 창조해 간다고 한다면 그들만의 독특한 향기가 있어야 참으로 편안한 세상이 될텐데….

이 책을 읽은 후 나는 그저 지나쳐 가던 사찰들을 조금은 다른 감정으로 바라볼 수 있었고 그리고 여기서 나의 번잡스러운 감정을 다스리고 싶은 생각이 일기도 했다. 그러나 한때 내가 독실한 기독교인이었다는 사실이 나를 쉽게 놓아주지 않았다. 그것은 유일신을 섬겼던 타종교에 대한 습관적인 배척심이 아니라 그렇게 열심이던 신앙을 팽개쳤던 내가 어찌 다시 감히 다른 종교를 마음 깊이 받아들일 수 있을까 하는 의아심 때문이다.

이 책을 쓰신 스님과 그리고 불교를 진정 사랑하는 모든 불자님들에게는 참으로 죄송한 망언인지 모르겠으나 내게 사정이 허락한다면 내 생의 철학으로 한번 깊게 불교를 만나고 싶다. (중략)

내가 이 독후감에 빨려 들어가는 묘한 감정이 있었다면 내가 생각하고 그저 지나쳐버린 말들을 간추리고 다듬어서 충분한 자기 것으로 소화하여 표현했다는 사실이다. 그렇다고 등 뒤에서 날카롭게 버티고 서있는 독자들을 인식하면서 글을 쓰고 싶은 생각은 없다. 내 사상과 감정들이 정화되어 독자와 만났을 때 그것이 하나됨으로 이루어진다면 그것이 바로 화신(化身)일 것이다.

진정 내가 '사람의 향기'라는 이름을 부여한 것도 이러한 의미이다.

고차원적인 것이 아닌 가장 평범하고 원초적인 것에서 찾을 수 있는 그 은은한 향기, 즉 그것은 부처가 중생을 바라보는 눈빛일 것이고 중생이 부처를 우러러보는 눈빛일 게다.

「불교세계 95年 7月」

노을 빛 물드는 담쟁이가 곱게 피는 가을이 되면 모든 것 비워내고 싶은 그런 날들이 차곡차곡 쌓인다.

잊고 지내는 분들한테도 한번쯤은 내 심중의 말들을 글로 표현해서 보내고 싶기도 하고 맑은 시(詩)들을 가까이 두고 읽고 싶은 그런 계절이 가을인 것 같다. 가을 하면 늘 시가 뒷받침이 되며 누구나 다 가을 하늘만큼 맑고 깨끗한 시인이고 싶어한다. 오늘은 시인이고 싶어하는 작가 시인들이 있는 곳으로 내 마음의 문을 열어 보았다.

소리 없이 찾아오는 갈바람 속에
소중한 사람들을 만나고 싶은 모임이 있습니다.
초롱초롱 하늘을 가득 메운 별무리 속에
가슴속을 스치우는 얼굴 하나
우리의 발걸음 머물게 하는
시, 음악 그리고 작은 사랑이 있습니다.

저희 비서 행정과에서 주최하는 시와 음악의 밤 행사에
여러분을 초대하고자 하오니 기쁜 마음으로 오셔서 가을의 향
취를 마음껏 누릴 수 있는 시간이 되시길 바랍니다.

「혜전대 조양문화제 초대의 글」

가을 축제 속에 행하여지는 비서행정과 행사였다.

국문과도 아닌 비서행정과에서 시(詩)를 낭송하고 음악을 한
다는 것은 좀은 어색한 일이 아닌가 하는 생각도 했었지만 곧
이해할 수 있었던 것은 작년 이맘 때 일이었다.

내 서투른 붓글씨를 지도받고자 혜전대 학과장이신 심응섭
교수님을 처음 찾아갔을 때 교정에 뒹구는 낙엽들, 저 낙엽들
이 바로 시어(詩語)라는 말을 기억하기 때문이다. 그런 마음을
가지고 평소 학생들을 지도하고 사랑하기 때문에 딱딱한 교과
목을 더 잘 이해할 수 있는 심성을 길러주기 위해 접목시킨 것
이 바로 이런 행사가 아닌가 하는 생각이 들었다. 물론 행사 자
체는 세련미가 있다거나 창작시가 발표된 것은 아니다. 어설프
기는 했지만 하루 밤 모두를 시인으로 만들었고 음악가를 만들
었다는 자체가 중요했다.

여러 가지 사정상 주경야독(晝耕夜讀)의 어려움을 견디면서
공부하는 학생들에게 마시고 뛰노는 자극적인 지도보다는 너
와 나 모두 모두 심신을 맑힐 수 있는 날이었다. 그래서인지 제
목도 2부의 밤 향기였다.

시와 음악이 교정 가득히 피어올라 그 향기가, 밤 향기가 밤 교정에 가득한 그런 날, 더 진한 밤의 향기로 내게 다가온 얼굴. 정말 소중한 만남의 사람이 있었다.

'신명애 님.' 불혹의 나이에 가까워진 세 아이의 엄마, 직장인, 모든 악조건을 극복하고 만학의 열정, 인생의 열정을 이 교정에서 가꾸어 가는 그녀.

어떤 열매의 성과를 원해서인지는 모르지만 그 열매를 위해 열심히 뛰고 있는 심장의 고동 소리가 한동안 나의 귀를 멍하게 했다. 불교와 인연 맺고자 이곳을 찾아오던 날은 그저 평범한 아이의 엄마, 아내의 모습 그것이 전부였다. 오늘 교정에서 만난 그녀는 엄마의 모습 아내의 모습도 아닌 갓 고등학교를 졸업하고 입학한 새내기 모습이 아닌가.

우리가 살아가면서 거쳐야 할 과정과 시기가 있다. 그 시기를 놓치고 나면 영영 되찾기가 쉬운 것은 아니다. 자라는 아이들에게 그 시기와 과정을 놓치지 않고 습득할 수 있도록 이끌어 가는 것이 바로 교육이다. 교육을 통해서 사회와 가정의 소중함과 참다움을 세워 갈 수 있는 지혜와 지식을 얻기도 한다.

대부분의 사람들은 그 시기와 과정을 놓치고 나면 포기를 해 버리고 나 아닌 자식한테서 대리 충족을 얻으려는 어리석음을 범한다. 자기와 자식은 별개인데 늘 자신인 것처럼 착각하면서 내가 못한 것 너라도 대신 해라는 식의 교육이다. 특히 여자는 결혼을 하면 남편의 품과 가정이라는 안일한 세계에서 주저앉아 행복의 실마리를 풀어 가려고 하는 것이 보통 여자의 사는 의미이다. 그 보통, 평범의 의미를 더 확실한 것으로 소유하고 싶은 욕심이 다른 것도 아닌 배움의 터전에서 이루어진다면 그 것은 자기 인생을 빛나게 할 뿐 아니라 자식에게 대리 교육을 시키지 않는 산교육일 것이다.

대부분의 사람들은 용기를 내지 못한다. 할 수 있을까. 한번 해볼까. 이루어질까. 이런 저런 생각의 잣대로만 재어 보다가 주저앉아 버리고 동경만 한다. 물론 여기서 하고자 하는 의욕에 용기를 주는 것은 바로 남편이다. 그저 밥이나 하고 아이와 남편이나 보살피고 살림이나 하지 그 나이에 무슨 공부냐고 핀잔이나 반대가 있었다면 그 의욕은 사라지고 말았을 것이다. 그 모든 것을 이해하고 받아들여주고 인정하는 자세로 아내의 자리를 지켜봐 주는 너그러움이 있었기에 공부의 힘듦쯤은 충분히 극복해 갈 수 있을 것이다.

이생의 즐거움에는 여러 가지가 있다. 정신적으로 얻는 즐거움, 물질적으로 얻는 즐거움, 그 즐거움의 만족도에 따라 사람들은 행복하다 불행하다고 판단한다. 행복, 불행 그 자체도 자신에게 있고 자신이 만들어 가는 것이다. 참다운 행복, 이것을 불교적으로 말하자면 환희이다. 환희(歡喜)는 내 뜻에 알맞는 경계를 당하여 몸과 마음의 즐거움을 말한다. 공부가 힘들지 않느냐는 내 질문에 힘은 들지만 살아온 중에 지금 이 순간(학교 생활)이 제일 보람스러운 듯하고 환희심이 난다고 하는 신명

애 님. 그녀의 눈동자는 밤하늘의 별 만큼이나 초롱초롱 빛나
고 있었다.

　　가을밤 시와 음악이 있던 날

　　정제된 마음의 시들이

　　남장리 소나무 숲이 되어, 또한 향기가 되어

　　청청한 밤하늘 별이 되어

　　사람과 사람의 가슴에 이슬로 이슬로 젖어주었다.

　　내일이라는 햇살을 받기 위해.

「불교세계 95年 9月」

차 한잔 드시지요

오늘은 한 청년이 한아름의 꽃을 내게 건네주면서 차 한잔의 대접을 받고 싶어 왔다고 했다.

연인에게 선물하면 소원이 이루어진다고 하고 삼백 일을 거르지 않고 마시면 신선이 되어 승천한다는 내용이 적힌 둥글레 차를 지리산 토굴에서 기거하는 도반스님이 손수 만들어 보내 주었기에 개봉하여 '차 한잔 드시지요.'라고 옛날 큰스님 깊은 차 한잔의 의미를 생각하면서 융숭하게 대접하여 보냈다.

나를 찾는 사람 누구에게나 그냥 보내기 웬지 인색한 것 같아 꼭 손수 차 한잔을 만들어 마시게끔 해주는 여유를 난 가끔 즐긴다. 서로 만나 차 한잔을 앞에 두고 나누어 마심은 바로 마음의 여유이고 이 여유 속에 시간적 공간적 초월의 의미가 있다.

하루에도 몇 차례 아무런 의미 없이 그냥 마시는 것이니까 마시는 것보다 차 한잔의 깊은 의미를 마실 수 있는 그 넉넉한 마음을 우린 배워야 한다.

차를 마시는 일. 이것을 불교에서는 다도(茶道)라고 한다. 차

를 마시는 정신과 태도, 정성을 모으면 나름대로 도를 이룬다
는 의미에서 차 마시는 일을 다도라고 표현한다.

옛날 조주 스님은 차를 즐겨 마셨다고 한다.

스님은 찾아오는 사람 누구를 막론하고 직위에 상관없이 "차
한잔 드시지요." 라고 권했다고 한다.

이를 지켜본 시봉 하던 스님이 의심이 생겨 조주 스님께 "스
님, 스님께서는 처음 온 사람이나 두 번 온 사람이나 열 번 온
사람이나 어찌 똑같은 말로 차 한잔 하게 하고 말하시니 무슨
연유이십니까?" 하고 물었더니 조주 스님께서는 "아 그랬던가.
그럼 자네도 한잔 하게."….

이 내용은 유명한 끽다거(喫茶去) 화두 공안이다.

조주 스님의 차 한잔의 깊은 의미는 바로 평등심을 내 보이
신 것이다. 평등심은 바로 불심이다. 이 불심을 차 한잔으로 내
보이신 것이다.

차는 마시는 사람에 따라 맛을 달리 하거나 차별을 두지 않
는다. 차의 맛은 평등한데 이를 마시는 사람이 맛과 멋을 달리
하기 때문이다. 또 차의 맛은 평등하다고 하지만 멋은 달리할
수가 있다.

달빛 아래 마시는 차 멋, 꽃 가까이에서 마시는 멋, 오랜 친
구를 만나 마시는 멋, 사랑하는 사람과 마시는 멋, 사무적이고
의무적인 멋 등등 맛과는 상관없이 분위기에 따라 달리한다.

맛과 멋을 사람들은 혼돈하면서 하루에도 거침없이 마셔댄

다. 차는 무심(無心)으로 마셔야만 진정한 차 맛을 만난다고 한다. 무심이 바로 도를 닦는 마음이고 비워진 마음의 상태이기 때문이다.

조주 스님이 "차 한잔 드시지요." 라고 하는 것은 바로 '무심을 알게나' 하고 가르쳐 주는 큰 의미가 있다. 수행자의 차 한 잔의 의미는 이러한 깊은 뜻을 생각하면서 만들고 마신다. 차를 만들고 찻잔을 만지는 일 모두가 마음을 다스리는 일이다.

차 잎을 따고 만들고 우려 먹는 그 속에 시간적 공간적 여유를 초월할 수 있는 마음이 바로 불심이기 때문이다. 일상생활에 빼 놓을 수 없는 차 생활, 우리는 멋으로 즐기고 있는지 맛으로 즐기고 있는지 찻잔을 들 때 한번쯤 새겨둔다면 그 마음이 바로 도를 닦는 마음일 게다.

「보령신문 96年 4月 2째주」

곶감과 할머니

보름달이 마당 그득 꽃처럼 펼쳐지는 한가위 명절이 되면 나는 임종조차 지켜보지 못하고 돌아가신 할머님 생각이 떠올라 때론 목젖이 뜨거워진다.

출가 이후 몇 해, 몇 해나 더 사시다가 돌아가셨다고 하는데, 외할머니 손에서 자란 나는 어머니에 대한 애잔한 정보다는 아주 끈끈한 인간의 정을 할머니한테서 찾으려고 하고 그리 느끼는지도 모른다.

별다른 간식이 없었던 내 어린 시절 가을이면 손쉽게 먹을 수 있는 곶감과 감이 유일한 간식이 되었던 그 시절, 할머니는 연중행사로 가을이 되면 빛 좋고 맛좋은 땡감을 골라 잘 깎아 햇볕에 말리는 작업을 한번도 게을리하신 적이 없다. 모양 좋은 놈을 골라 조상님께 드릴 제물로 일년 내내 보관하시어 꺼내어 사용하신다. 감을 깎고 말리는 과정에서 우러나오는 할머니 정성에 나는 그냥 쳐다만 볼 뿐이지 그것을 먹겠다는 말은 차마 하지 못했다.

나는 할머니가 보관하는 그 곶감이 있는 장소를 잘 안다. 가끔 하나 꺼내 먹어도 모르시겠지 하는 생각에 몰래몰래 꺼내 먹곤 했는데, 어느 해 추석이었는가 그 해는 차례상에 곶감이 올라오지 않았던 적이 있었다. 분이 곱게 난 맛있는 곶감을 하나 둘 꺼내 먹다 보니 나도 모르게 다 먹고 말았다. 그 추석 한가위날 나는 죄인처럼 지냈었다.

할머니는 당신이 둔 양만큼 있으리라는 생각에 확인도 하지 않고 차례상을 차렸고, 있어야 할 곶감이 없었을 때 당황하시던 할머니의 모습. 지금도 잊을 수가 없다.

곶감을 좋아하는 내가 한 짓인 줄 아시면서도 나에게 왜 그것을 좀 남기지 않고 다 먹고 말았느냐는 한마디 말없이 빈 곶감자리만 남겨두고 차례를 지내시던 모습. 그날 할머니는 조상님께 곶감을 올리지 못한 것에 대해 무어라고 말씀드렸을까. 그날 이후에도 할머니의 감 깎는 작업은 해마다 계속 되었고 그리고 늘 두는 곳에 변함없이 두셨지만 나는 그 후 그 곶감에 손을 댈 수가 없었다.

만약 그날 할머니가 내게 크게 혼을 내셨든지 아니면 내 손이 닿지 않는 곳에 곶감들을 보관했다면 명절마다 이리도 할머니에 대한 그리움이 일어나지 않았을 것이다. 그 할머니를 위해 나는 아무 것도 한 것이 없다. 돌아가신 이후 소식을 접하고 왕생극락을 위한 지장경 몇 줄을 읽어드린 것밖에.

아마 할머니는 저승에서도 가을이 오면 맛든 감 깎아 가을 가득 수놓을 것이다.

「대한불교 9월 2째주」

이열치열(以熱治熱)

온 종일 비가 내린다. 얼마 지나지 않으면 장마가 시작될텐데 미리 이렇게 많은 비가 온다면 또 홍수가 나지 않을까 하는 두려움이 일지도 모른다. 작년에 워낙 많은 비를 맞이했던 이 곳 사람들이니 말이다.

비가 오면 주위가 차분하다 못해 침울하지만 그래도 외부경계에 눈과 마음을 빼앗기지 않고 차분히 앉아 밀린 독서를 할 수 있으니 좋다.

글을 읽되 글자에 끄달리지 말라는 조사스님의 말씀, 책을 볼 때마다 생각나는 말이다. 내가 사는 삶이 아닌 딴 사람의 사상에 잠시 잠깐 젖어 있다 나오는 것도 때론 별 변함없이 사는 생활에 활력소가 되기 때문에 이런 시간들이 그리운지도 모른다. 간간이 때맞추어 내려주는 비는 땅에도 좋은 역할을 하겠지만 내게도 지식을 쌓게 해주어 좋다.

한편 빗소리 듣는 일 또한 음악을 듣는 것만큼 강약의 높낮이가 있어 들을 만하다. 빗줄기가 굵을 때 듣는 소리, 가는 때 듣는 소리, 높은 곳을 거쳐 떨어지는 소리, 하늘 직전에서 곧바로 부딪치지 않고 국수 발처럼 죽죽 내려오는 소리, 나뭇잎에 떨어지는 소리, 꽃잎에 떨어지는 소리, 장독대에 떨어지는 소리 그 모두가 사뭇 다르게 느껴진다.

비오는 날은 따로 음악을 듣지 않아도 빗소리의 감각에 맞추어 소리에 따라 그저 귀만 따라가면 "modzart"에 비할 바 아닌 듯 자연의 음악이 훨씬 분위기를 맞추어 준다. 이런 여름날은 시원한 음료보다 따뜻한 차 한잔이 좋을 듯 싶어 잘 발효된 보이차(普洱茶) 한잔을 우려 창 밖에서 들려오는 빗소리 들으면서 마셔 보았다.

얼마 전 대천전문대 연꽃마을 학생들과 오서산 산행을 마치고 돌아와서 정암사 주지스님이 여러 잔 우려주는 보이차 덕분에 그 날의 갈증과 산행 피로를 풀었던 기억이 나서 갈증이 날 때 누구에게나 따뜻한 이 보이차를 권하고 싶다.

그날 제대로 산행 준비 없이 아주 단순하게 산을 올랐다가 그 목마름을 해결할 방법이 없어 몹시도 고생을 했다. 더욱이 우리 일행은 점심을 막 끝내고 오른 산행이라 더 그럴 수도 있겠지만 너무 가파른 길이었고 정상 가까이는 나무그늘은 없고 억새줄기만이 가득 차 있어 적당히 쉬어 갈 만한 곳이 없었다. 햇볕을 받은 양만큼 갈증은 심해져서 정상에서 산울림 "야호" 소리도 한 번 못 지르고 곧장 내려 왔다.

나는 산 오름은 좀 힘들어도 잘 오르는 편이지만 내려오는 것을 오르는 것보다 더 힘들어한다. 다리가 부들부들 떨리고 힘이 빠지는 것 같아 오른 시간과 비슷하게 내려오는 시간도 소비되기 때문에 항상 남보다 먼저 내려오기 시작하여야 일행과 보조를 맞출 수가 있다. 하체가 약한 사람은 이런 현상이 나타난다고 한다.

이 날도 내 목마름 해소 때문에 서둘러야겠지만 내려오는 일이 힘들어 서둘러 내려 왔다. 함께 내려온 여학생은 곧 바로 물가로 가서 물을 마셨지만 나는 바로 물을 마셨다가는 물에 체할 것 같아 정암사 주지스님 방 툇마루에서 숨을 모아 고르게 쉬고 있을 때 외출에서 돌아온 주지스님이 올라오지 않는가. 물 마심보다 먼저 인사를 치르고 그 인사의 답례로 주신 따뜻한 보이차 맛. 만약 앞서 내가 많은 물을 마셨다면 그 맛을 느낄 수 없었을 것이다.

갈증이 심할 때 물을 마셔도 그 갈증은 쉬이 해소되지 않아 계속 물을 마시다 보면 배는 불러 오르고 딴 것을 먹을 수 없는 현상은 누구나 다 한 번쯤 경험했을 것이다. 그 때 더위와 갈증으로 마신 보이차는 바로 내게 이열치열의 이치를 가르쳐 준 셈이다.

나는 한여름에도 찬물에 샤워를 하지 않는다. 미지근하게 데워서 한다. 아주 찬물은 샤워할 때 시원함을 느낄 수 있지만 조금 지나면 더위가 곧바로 침투하는 느낌을 받는다. 하지만 따뜻한 물에 샤워를 하고 나면 시원한 느낌은 없지만 몸 속까지

개운한 감이 있어 시원함이 오래 지속되는 것을 느낄 수 있다.

더운 것에 더운 것, 찬 것에 찬 것, 강한 것에 강한 것, 약한 것에 약한 것.

삶의 작은 지혜가 때론 얼마나 큰 힘이 되는지 모른다.

잘 얻어 마신 차 한잔, 또 잠시 그 곳에 기거한다고 하는 무소 이용정 씨가 내게 건네준 짧은 글귀 읽으면서 오랜만에 나선 산행 길에 얻은 이 작은 기쁨들을 음미한다. 차와 함께.

"돌아가시는 길

스님의 호주머니에

오서산의 상큼한 바람 한줌 넣어 드려야지

내가 일으킨 바람

시원하다

첫 만남으로 내 안에 산들바람 솔솔 일어선다

솔솔 바람

사방팔방으로 투욱 툭 열려져 있는 듯

무너져야 할 것 죄다 무너져 있는 듯

저 거침없는 말씨

그것이 정운 스님의 모습이다

늘 지면의 한 모퉁이에서 이름 글자만 대면했는데

오서산 바람아

스님 체취에 묻어 가거라 마음졸일 일도

답답하여 서로를 떠밀 일도 없이

그 얼마만큼의 거리로 살든

함께 천연이라도 갈 수 있는 그럴 수 있는

사람이다 따뜻한 피 도는 내 이웃이다."

　잠깐 마주친 얼굴 속에서 무엇을 그리 읽을 수 있었겠는가
마는 짧은 만남을 내내 기억해 두고자 내민 하얀 봉투 속에 오
서산 바람과 함께 담겨져 있는 풋풋한 산 향기. 그리고 보이차.
　오늘 따끈한 보이차 한잔을 들고 나는 이 글을 다시 한번 읽
어본다. 수일내 화답이라도 보내야겠다.

「한내문학」

내 손등의 화상

요 며칠 손등에 입은 화상 때문에 여간 불편한 것이 아니다. 화독을 빼는데 감자가 으뜸이라는 이야기를 옛 어른들로부터 들어두었던 기억이 나서 화상을 입자마자 감자를 갈아서 붙였다.

밤마다 이 작업을 한 탓인지 완쾌되어가고 있다는 신호로 가려움증이 인다. 어릴 때 난 유난히도 종기가 많이 났다. 그럴 때마다 할머님이 구해오신 고약을 번갈아 부쳐두면 종기의 나쁜 액이 붙어 나오고 난 후 부위는 서서히 가려움증으로 회복이 되기 시작했다. 이번 화상에도 약국으로 달려가지 않고 감자 갈아 붙이기를 몇 번 하고 났더니 훨씬 효과적인 것 같다. 작은 실수가 큰 실수로 될 뻔한 화상 부위를 보면서 이만하길 다행이지 하면서 스스로 위로를 한다.

화상을 입기 하루 전 날 여의도 넓이의 여섯 배에 이르는 산과 마을을 잿더미로 만들었다는 고성 산불의 이야기를 가슴에 아프게 담아 두었는데, 어느새 이야기로만 듣고 현실로 실감 못한 채 그를 까맣게 잊고 하나의 성냥개비로 큰불을 일으킬 뻔한 것이 아닌가. 방안에 앉아 있기가 나른하고 졸음이 오는 것 같아 그 잠을 쫓기 위해 잔디밭을 서성이다 지난해 자란 잔디를 깎아주지 않아서 마른 숲들이 어우러져 있는 것을 보았다.

그 숲들에 가려 어린 싹들이 봄빛을 만났는데 꽤 힘들 것 같아서 요 부분만 좀 태우고자 하는 생각에 불을 붙였다. 순간 바람 부는 쪽으로 휘휘 옮겨 붙으면서 걷잡을 수 없는 불길이 전체를 태워갔다. 빨리 불길을 잡아야겠다는 생각에 들고 있던 전화기를 저만치 던져두고 물을 가지러 간 사이에 그것도 아주 잠깐 사이인데도 어느새 불길은 내 눈짐작을 벗어나 전화기 쪽을 스쳐가고 있었다. 불길이 스쳐간 장소에서 전화기를 잡다가 전화기 끈이 손등에 붙어버려 화상을 입게 되었다. 처음엔 대수롭지 않게 생각했는데 정신없이 불길을 잡느라 진땀을 뺀 덕분에 저녁에는 곤하게 잠에 떨어지곤 했다.

우리는 흔히 큰 재앙을 삼재(三災)라 한다. 삼재는 수재, 풍재, 화재를 말한다. 수재, 풍재는 천재라고 하지만 화재는 대부분 인간의 실수로 일어나는 것이다. 고성 산불도 그렇다. 건조주의보가 내려져 있는 아주 마른 숲 부근에서 사격훈련의 실수로 큰산을 태우고 많은 민폐를 입혔다.

봄날에 일어나는 불을 여우불이라 한다. 그 이유를 난 똑똑히 실감했다. 누가 건너 붙여주지 않았는데도 껑충껑충 뛰어 저기 번쩍 여기 번쩍 하는 것이 아닌가. 하마터면 성냥 한 개비 위력 때문에 큰 것을 잃을 뻔한 것이 아닌가.

우리 조상들은 옛부터 자연의 신을 신성시했다. 자연신에는 크게 천신, 수신, 지신(天神, 水神, 地神)이 있다. 지신 중의 대표가 바로 산신이다. 산신이 노하면 반드시 산불이 일어나고 그 산 정기에 따른 재앙이 끊어지지 않는다고 한다. 산신 신앙은 원래 토속 신앙이다. 불교가 이 땅에 들어오면서 토속의 정령 신앙을 흡수했던 것이다.

큰 산 안에는 큰 사찰이 있고 그곳에는 반드시 산신각이 있다. 이것은 산신과 불법의 만남 그 자체이다. 산신각은 절을 보호해주는 산신을 모신 곳이다. 산신은 모든 덕성을 갖췄고 뛰어난 성품을 가진 신으로 한적한 곳에 머물러 산다고 묘사되고 있으며 산신은 절이 있는 산을 보호해준다고 믿기 때문에 아침 저녁 산신각 예불문에는 산에 끔찍한 일들이 없고 늘 정숙하며 도량의 재앙이 소멸되기 위해 토지신과 천신이 삼보를 보호해 주기를 축원한다. 이뿐만 아니라 산악인들은 반드시 봄날이 되면 산제를 지낸다. 산의 정기, 산만이 가지고 있는 위력, 감히 인간이 어떻게 하지 못하는 부분. 산의 길흉을 산신이 한다고 믿기 때문에 산신이 노하지 않게 하는 의무인지도 모른다.

깊어 가는 봄날의 내 손등의 화상.

내 작은 어리석음 벚꽃 떨어지듯 훨훨 떨어져서 샘물 솟듯 맑은 지혜를 오래오래 간직할 수 있다면 하는 욕심을 가져본다.

「한내문학」

떡쟁이 삼촌

얼마 전 대구에서 사시는 막내 삼촌이 불현듯 이곳을 찾아왔다. 그것도 잘생기고 건장한 아들 녀석과 함께 말이다.

처음 보는 아들녀석한테 내가 건넨 말은 "만나서 반갑다. 우리 처음이지."라는 이러한 정감 있는 말이 아니라 학교에 있어야 할 시간에 가방을 들고 이곳에 오니 "학생이 왜 학교에 가지 않고 여기로 왔니? 무슨 사고라도 쳤니?"라는 말이었다. 삼촌의 표정이나 아들녀석의 표정이 무척이나 굳어 있었고 내가 건넨 말에 아무 반응이 없는 것 보니 무언가 문제가 있구나 하고 더는 말을 하지 않았다.

어린 시절 대부분 외갓집에서 지낸 나로서는 외삼촌에 대한 마음은 남달랐다. 친형제만큼이나 짙은 그리움이 있다고나 할까. 함께 들로 산으로 강으로 다니면서 자연이 주는 풍부한 감성을 얻을 수 있었고 배고픈 시절이라 먹을 것이 생기면 서로 먹겠다고 아웅다웅 다투기도 하였다. 그 시절에는 돈주고 사먹는 간식은 별로 없었다. 자연적인 것을 얻고 만들어 먹었던 때라 개구리 철에는 개구리 요리를, 메뚜기 철에는 메뚜기요리, 냇가 강가에 가면 다슬기, 조개 등을 잡아서 약한 내 입맛을 돋구어 주었던 삼촌의 그 마음.

할아버지가 드시고 난 계란껍질을 모아 그 속에 쌀을 넣고 불기운이 있는 아궁이 깊숙하게 넣어 익혀 주었던 그 계란껍질밥, 겨울 아궁이에는 늘 고구마가 들어있어 돈이 없어도 내 배고픔은 해결이 되었던 그 시절, 삼촌과의 그 어떤 인연이 결부되어 있어 삼촌만 생각하면 그저 그립기만 하고, 어린 시절을 회상한다.

내가 글을 쓸 수 있었던 이 모든 감성들이 그때 외갓집살이에서부터 시작된 것이 아닌가 하는 생각이다. 아마 지금 아이들에게는 이런 정서를 말하면 도저히 이해가 안 되는 부분이라고 고개를 갸우뚱 할 것이다.

삼촌은 어릴 때 떡을 참 좋아했다. 떡이라면 밥 대신 닥치는 대로 마음껏 먹어서 내가 삼촌을 부를 때 떡쟁이 삼촌이라고 했다. 삼촌은 월남전쟁에까지 다녀오신 분이다. 월남에서 편지와 함께 내게 보내준 '파이롯드 만년필.' 꽤 오랫동안 삼촌의 분신인 양 가지고 있었는데 언제 어떻게 잃어 버렸는지 모르게 잃어버리고 말았다. 그 후에 몇 개의 만년필이 생겨서 사용해 보았지만 그 때 삼촌이 준 만년필만큼 좋은 것을 얻지 못했다. 삼촌의 결혼식 날 나는 내 두 번째 출가로 집을 나왔다.

첫 번째 출가는 부모님들의 극성에 들통이 나버렸지만 두번째 출가는 성공(?)했다. 그 뒤 삼촌은 두 아이의 아버지로서 물려받은 재산도 학벌도 없지만 정말 열심히 성실하게 사신다는 소식. 또 하나 매월 초하루 날 팔공산 갓바위 부처님께 열심히 기도하는 불자라는 소식을 들었다. 그런 소식을 접하면서 만나지 않아도 삼촌과 나는 무언가 통한다는 느낌을 받을 수 있었다.

그 삼촌이 아들을 데리고 이 먼 곳까지 와서 바다구경이나 가야겠다고 했다. 그날 따라 법회날이라 함께 동행은 못하고 아들에게 멋진 아버지가 될 수 있는 기회를 만들라고 자동차 키만 건네주었다.

해질녘 돌아온 삼촌과 조카녀석은 약간의 취기가 있는 듯했다. 그 취기 때문인지 삼촌은 이곳에 오게 된 이유를 말했다. 이곳을 오기까지 많이 망설였다고. 좋은 일도 아니고 이런 무거운 마음으로 온 것은 고3인 이 녀석이 죽어도 학교는 가지 않겠다 하고 집을 나가서 돈을 벌겠다고 하니, 공업학교라 한 학기만 마치면 되는데 그걸 못하겠다고 하니 답답도 하고 아들의 마음을 좀 열어볼까 하는 마음으로 여기를 왔노라고 했다. 스님은 많은 사람을 상대하니 이 녀석한테 좋은 이야기 좀 해 주고 며칠 데리고 있으면서 설득해 보라고 했다.

조카녀석한테 나는 말했다. 여기 있는 것은 좋은데 있는 조건으로 하루에 삼천배씩 법당에서 기도를 하라고 했더니 이 녀석은 절하지 않고 학교에 가겠다고 해서 삼촌과 함께 돌아갔다. 삼촌이 가신 얼마 후에 학교에 잘 다니겠지 하고 전화를 해

보았더니 여전히 방황을 한다고 한다.

　가난해서 배우지 못한 한을 자식이 대신해 주도록 혹 강요하는 것이 아닌가 하는 생각에 삼촌이 마음을 돌리고 그 아이 인생 그 아이가 살도록 내버려 두라고 했다. 살다가 정말 학벌이 필요하고 공부의 소중함을 알았을 때 여러 가지 방법으로 공부할 수 있는 길은 있으니까 부모의 입장이 아닌 아이의 입장에서 보라고 했다.

　우리의 사회제도가 학벌의 차이로 그 사람의 인격을 판단하는 현실이 문제이지 인생에 있어서 학벌은 그다지 중요한 것은 아니다. 어떻게 자기 삶을 윤택하게 자신있게 이끌어 갈 수 있는가 하는 것이다.

　자기가 좋아하고 하고싶은 활동을 택하는 자유, 시험을 위한 공부보다는 훨씬 보람이 있는 자기 발전을 위해 노력하는 자유, 생활을 공유한 동년배 또 더 나아가 지역 사람들과의 따뜻한 교류를 할 수 있는 자발적인 공부의 인정도 중요하다. 내가 자식을 잘못 키웠다고 하는 그늘진 삼촌의 모습.

　옛날 강가로 들로 산으로 함께 뛰놀던 모습은 아니었다.

　많이 지쳐있는 삼촌의 모습, 한 가정의 가장으로서의 책임을 통감하면서 인내하는 이 사회의 아버지 상이었다.

「충남예총 97年 7月 8日」

입맛을 돋우는 콩잎

오늘 부산에서 사는 난주가 콩잎 반찬과 함께 편지를 보내
왔다.

'스님 읽어 주세요.'

처서라고 하지만 몹시 무덥겠다고 하는군요. 부산은 그래도
시원하게 여름을 보내고 있는 것 같아요. 아파트 위치가 산에
있다 보니 저녁에는 시원한 바람과 풀벌레 소리를 들을 수 있
음에 얼마나 감사하는지 모릅니다.

저는 요즈음 활기찬 생활을 하고 있습니다. 아파트 주부들에
게 케이크와 쿠키 등을 만드는 솜씨를 가르치고 있는데 수입도
생기고 보람도 느끼다 보니 건강에도 좋습니다. 집에서 일을
하니 가정에도 소홀함이 없어 아이들을 챙기면서 할 수 있어
더욱 좋습니다.

아이들 아빠가 새벽에 잠이 깨어 부전 시장에 나가보니 스님
이 좋아하시는 콩잎이 눈에 뜨여 햇콩잎이라고 하길래 몽땅 사

왔다고 합니다. 예쁘게 노랗게 물든 것도 있고 아직 물들지 않은 것도 더러 있습니다. 굳이 양념도 아이들 아빠가 도와주겠다고 하더니 켜켜에 제대로 양념이 고르게 들어가지 않았습니다. 드실 때 스님의 입맛에 맞게 좀 양념을 한다면 더 맛이 나을 것 같습니다.

늦가을에 좀더 보내드릴테니 아끼지 마시고 드세요. 오전에 구운 쿠키가 있어 조금 넣었습니다. 바람과 햇살과 차와 함께 잡수세요. 도로마다 밀리는 차량의 홍수에 이번 여름 휴가는 떠나지 않았습니다. 금정산에 올라 계곡에 발 담그니 더 없이 좋습니다.

그러나 세원사에는 가고 싶었습니다.

97년 8월 23일 오전에 난주 올림.

해마다 잊지 않고 남편은 시장에 가서 사오고 아내는 갖은 양념을 해서 보내주는 성의 때문에 내 가을 식탁은 콩잎반찬 한 가지만으로도 입맛이 돋우어진다. 내가 사는 이곳 시장에서는 찾아 볼 수도 없을 뿐더러 아예 만들어 먹지 않는 귀한 것이라고 할 수 있다. 이곳 사람들은 콩잎 반찬을 내놓으면 이런 것도 다 먹느냐는 눈치를 내게 보낸다.

나는 부산쪽으로 일이 있어 내려가면 특별한 일이 아니고는 난주집에서 기거하면서 일을 본다. 그 때마다 난주는 식탁 메뉴에 상당한 신경을 쓰는 편이다.

한번은 식탁에 오른 콩잎 반찬으로 밥 한 그릇을 비운적이 있다.

사람은 누구나 다 새로운 음식에 손이 가기보다는 늘 먹어왔던 음식에 습관적인 입맛 때문에 손쉽게 손이 가기 마련이다.

나도 마찬가지다. 콩잎 때문에 밥 한 그릇 비운 것은 어릴 적 즐겨 먹었던 그 입맛 때문일 것이다. 약간은 구린내가 나는 듯 하면서도 곰삭은 그 맛은 꼭꼭 씹으면 구수하기도 하다.

콩잎반찬으로 밥 한 그릇 비운 그날 이후 콩잎이 나올 때쯤이면 난주와 난주 남편은 연례행사를 치르는 일처럼 그것도 몇 겹으로 포장을 하고 우체국 직원이 우편물 사고가 있더라도 책임을 부여하지 않겠다는 사인을 요구하는 입씨름으로 시작해서 '스님 오늘 부칩니다.' 라는 전화 목소리만 들어도 고향의 반찬은 어느새 내 식탁에 오른다.

내 주위에는 마음이 예쁘고 지혜가 있고 남편 내조를 잘하는 몇몇 사람이 있다. 그 가운데 한 사람이 난주이다. 난주는 내 친구 동생인데 친구보다 더 각별히 나를 따르고 자주 안부를 묻는 편이다. 내가 운문사에 있을 때 언니와 함께 나를 찾아온 난주는 가을빛과 어우러져 마침 한 송이 코스모스와 같은 인상을 내게 주고 갔는데 얼마의 시간이 지나고 결혼을 했다는 소식을 들었다.

몸이 워낙 약해서 정말 아이를 낳고 잘 살 수 있을까 하는 걱정을 했다. 어떻게 어떻게 연락이 닿은 난주는 자기보다 남편이 더 스님을 만나보고 싶어한다고 꼭 부산에 오면 자기 집으로 와 달라고 하길래 오랜만에 그 아이 모습도 볼 겸해서 가 보았다. 정말 난주보다 그 남편이 더 가까워지려고 노력해 주어서 얼마나 고마웠는지도 모른다. 늘 편안하게 내 일들을 볼 수 있게끔 해 주어서 부산 가면 그 집이 나의 기거지가 되고 말았다.

내가 세원사를 창건했을 때 난주네 식구 모두가 세원사의 첫 번째 신도가 되었고 법당 인등에도 제일 먼저 등록을 해준 세원사 연륜과 함께하는 신도가 되었다. 난주는 어릴 때부터 몸이 약해서 부모님이 보통 걱정을 한 것이 아니라 한다. 그 약한 몸까지 사랑하고 건강하게 만들어 평생을 함께 하겠다는 남편의 사랑의 힘으로 지금은 많이 건강해졌고 두 아들까지 낳아서 기르는 모습이 참으로 대견스럽다.

난주의 모습은 코스모스를 닮았다고나 할까. 남편 사업이 힘들어도 그걸 내색하지 않고 삭이는 모습. 틈틈이 아들을 데리고 바이올린 교습소에서 함께 공부하여 틀린 곳을 지적하며 가르치는 모습, 먼 거리 여행을 할 때 간혹 내게 보내오는 엽서 속에서도 난주의 예쁜 마음을 엿볼 수 있다. 또 난주는 옷을 참 감각있게 우아하게 잘 입어서 내가 점수를 후하게 주는 편이다.

결혼 기념일마다 사진을 찍어 그것을 응접실 벽면에 연출하면서 가족의 사랑을 다져 가는 지혜 있는 마음. 가족에 대한 비워진 참 봉사의 마음을 난주한테서 읽을 수 있다고나 할까. 흔히 주부들은 모이면 그것이 사랑의 표현인지는 모르지만 남편

의 흉허물을 쉽게 하는데 난주한테서는 한 번도 그런 모습을
보지 않았다.

　여름휴가 때는 아이들을 데리고 부처님 전에 기도도 할겸 오
는데 이번 휴가 때는 오지 않아서 서운하던 차 오늘 그 콩잎 성
의로 마음이 조금 위안이 되었다고나 할까. 아내가 좋아하는
것 모두를 좋아하고 인정해줄 수 있는 넉넉한 남편이 있기에
난주의 삶은 향기로울 것이다.

　정말 사랑은 마음이 비워진 상태가 아니면 그것은 의무적이
고 형식적인 것이라는 생각이 든다. 그 모든 것을 포용할 수 있
을 때 그 사랑은 변하지 않고 오래 지켜질 수 있을 것이다.

　편한 사랑의 이야기가 주위에 살아서 꿈틀거릴 때 마음은 가
을만큼이나 풍요로울 것이다.

「한내문학」

종이학의 원

태교에 의하면 임산부가 한랭하면 태아 또한 한랭하고 열해
지면 태아 또한 열해진다고 한다.

내가 뱃속에 있을 때부터 얻은 한랭병은 찬바람이 일기 시작
하면 어김없이 피부의 가장 부드러운 부분인 귓밥부터 터지기
시작하여 겨울은 늘 살 속에 얼음을 가득 싣고 사는 것처럼 느
낄 정도로 차갑고 시린 날들이 많다.

누가 한랭병에 옻 약을 세 번 하여 먹으면 좋다고 하여 만들
어 주길래 먹어 보았지만 별 효과는 보지 못하고 알레르기 반
응이 일어나서 고생만 했다. 몸 속에 한랭병이 쉬 없어지지 않
는 것도 태어난 달과 무관하지 않다는 것을 느낀다.

나는 구정 밑을 바라보면서 태어났다. 자라면서 그냥 덤으로
생일을 넘기고 말았지 따로 생일이라 하여 챙겨 받지 않아서
특별하다는 느낌 없이 살아왔고 출가 이후는 더더욱 까맣게 잊
고 지내왔다.

이곳에 안주하면서 부처님 탄생일이 중요한데 우리들에게

가르침을 주시는 스님의 생일도 중요하다고 하여 몇몇 극성스러운 신도에 의해서 생일날이 공개되고 말았다. 그날 피하고 나면 밥 한 끼 공양하기 싫은 게으른 스님으로 비쳐져서 하는 수 없이 나는 그날을 아예 백일기도 회향일로 정해 버렸다.

기도 회향일이니 신도는 어차피 절에 오는 날이고 음식은 있는 것이고 하여 이름만 붙이고 그리 날을 보내니 번거롭지 않아서 부담스럽지 않아서 좋다. 이번 기도 회향일은 너무나 큰 선물을 받아서 내가 이런 자격이 있을까 할 정도로 나 자신을 의심하기도 했다.

초등학교 5학년 미영이가 보내온 수천 마리 종이학이었다. 항간에 세간에서는 종이학을 접어서 환자에게 쾌유를 빌거나 아니면 사랑하는 연인에게 사랑이 이루어지길 기원하면서 주고받는 관습이 유행한 적이 있다. 천 마리 학을 접으면 한 가지 소원이 이루어진다는 말과 함께 말이다.

천 마리 학을 접을 동안 한 가지 소원은 일념으로 간절히 하는 기도로 향하기 때문에 그 소원은 안 이루어질 수가 없다.

누군가를 위해 바쳐지는 마음은 순수하고 아름답다. 미영이가 이 수천 마리 학을 접으면서 무엇을 바라고 원했는지는 모르지만 스님의 생신을 축하하겠다는 그 애의 순수한 아름다움이 듬뿍 담겨져 있는 것만은 사실이다.

이 선물이 보내 오기 전 미영이의 엄마를 만났는데 미영이가 요즈음 고민을 하고 있다고, 스님 생신에 무언가 선물을 하고 싶은데 할 것이 없고 웬만한 것은 스님이 다 가지고 있으니 종이학이라도 접어볼까 하더라는 이야기를 그냥 지나는 소리로 흘리고 말았는데 설사 종이학을 접더라도 그 애의 능력으로 아니 아이의 능력으로 몇 마리 정도겠지 하는 나의 고정관념을 깨뜨리고 나를 또 한번 당황하게 만들어 버린 엄청난 선물이었다.

미영이는 막노동으로 생계를 꾸려 가는 부모와 두 언니, 할머니, 삼촌들과 어우러져 사는 순수한 시골 초등학생이다. 또래에 비해 과묵한 편이고 말이 없으면서도 자기 의사전달을 분명히 하는 아이이다.

미영이가 다섯 살 때 일이다. 언니들 따라 어린이 법회에 왔길래 너무 어려 힘드니 다음에 학교 갈 나이에 오라고 돌려보냈더니 보내는 스님이 원망스러워 법당문 밖에서 엉엉 소리내어 울면서 자기는 이제 하나님을 믿고 부처님을 믿지 않을 것이라고 하면서 집으로 돌아간 후 나만 보면 피하고 말도 한동안 하지 않아서 그 연유를 알아보니 자기를 절에 못 오게 한 스님이 제일 밉다고 말했다.

어린아이에게 상처를 준 것이 아닌가 생각하고 그 애의 마음을 돌려놓기 위해 몇 번이나 사과하고 설득했지만 쉽게 돌아서주지 않았다. 많은 시간을 두고 미영이와 가까워지도록 노력한 덕분인지 미영이 마음이 풀리기 시작하면서 바뀐 그 아이의 장래 희망은 고등학교 졸업 후 스님이 되는 것이라고 한다. 이런 미영이의 꿈을 확인하기 위해 가끔 확인도 해보고 하지만 아직은 그 꿈에 대해서는 변함이 없다. 이런 미영이의 생각이 기특하여 때론 남은 과일이나 음식들이 있으면 나누어주는 데도 그 언니들을 두고 꼭 미영이를 불러 그 애 편으로 올려 보내기도 한다. 그래서 집안에서 색다른 음식이 생겼을 때 엄마가 그냥 지나치려고 하면 미영이는 엄마에게 엄마는 스님이 주시는 과일 등을 매일 얻어먹으면서 왜 스님은 안 드리느냐고 하여 엄마를 당황하게 한다고 한다.

아이답지 않은 생각 때문에 미영이에게 말도 행동도 함부로 하지 않는다. 미영이는 집이 좀 외떨어져 있어 그다지 친구와 어울려 뛰노는 것을 볼 수 없다. 혼자 아니면 엄마랑 언니들이랑 지내는 편이고 어쩌다가 얼굴이 보여 부르면 부끄러워서 잘 나서지도 않는 아이이다. 내가 따로 그 애를 찾지 않으면 이웃에 살면서도 잘 만나지지 않는다.

구정 다음 다음 날이 미영이의 생일이다. 이 날만은 나는 꼭 잊지 않고 미영이를 불러서 필요한 것이 무엇인가 물어보고 가능한 그것을 구입해서 주려고 한다. 어쩌다가 잊고 지나면 미영이의 서운한 마음이 역력함이 보여 물어보면 자기는 스님 생일을 기억하고 있는데 스님은 자기를 생각도 안 하고 계신다고 그리 서운해한다고 하여 나는 달력에 잊지 않게 분명한 기록을 해둔다.

색색깔로 이루어진 유리곽에서 미영이의 정성만큼 고와 보이는 종이학의 집을 나는 큰방 탁자 위에 올려놓았다. 가끔 이

앞을 지나는 어른들에게 미영이처럼 순수한 열정과 집념으로 기도하고 원을 세워보라고 말이다.

미영이가 수천 마리 학을 접으면서 원했던 그 원이 무엇인지는 모른다.

하지만 그 원은 반드시 이루어질 것이며 그 애가 살아가는 동안 큰 힘이 될 것이다. 변질됨이 없는 순수한 삶을 영위하길 나 또한 학을 보면서 그리 원할 것이다.

「96年」

아주 느린 테이프 감기

나는 출가 이전의 학교 동창이나 고향 친구를 따로 만나거나 연락하면서 지내지 않는다. 거의 대부분 출가 이후 맺은 인연들로 가까이 하고 있다.

옛 친구라 하면 기억 상실에 가까울 정도로 얼굴도 이름도 잊고 지낸다. 절친하게 지낸 몇몇 얼굴들은 어릴 때 그 모습으로 기억되어져 있지 지금 나이 먹은 모습은 보지 아니 했으니까 상상도 안 되는 일들이다.

구태여 따로 만나야 할 특별한 이유들이 없기 때문에 그냥 무덤덤하게 지낸다. 허나 요즈음은 몇 권 책을 내고 난 유명세 때문에 기억도 없는 친구들이 연락을 해오기도 하여 전혀 기억하지 못해 서운하게 한 적이 한두 번이 아니다.

출가자라는 이유 때문일까 아니면 생각에 담아두고자 하는 의식이 남아있지 않기 때문일까. 아무튼 나는 별 관심 없이 그리그리 지내는 편이다.

한번은 고등학교 여자 동창들이 나를 보기 위한 모임을 만들

어 몇 번이나 연락이 왔길래 그들이 정해놓은 장소에 나간 적
이 있다.

　이십년이 훨씬 지난 만남들이니 처음에는 반갑고 서로의 안
부를 했지만 좀 시간이 지나니 역시 자기 생활 패턴에 걸맞는
이야기들이 나오기 시작했다. 그들은 가장 인간적이고 살아가
는 일상적인 이야기일 수도 있겠지만 그 이야기 듣고 있는 나
는 지루했고 피곤했었다. 결국 생활이 다르고 생각이 다름을
인식하면서 나를 위한 모임이라고 하지만 그들과 헤어져야 하
는 정해놓은 시간보다 훨씬 빨리 자리를 털고 나와 버렸다. 그
후로 그들의 연락에 별다른 감정을 보여주지 아니했다. 그 때
그 만남을 생각한다면 차라리 나가지 않았으면….

　달리 연락을 할 필요도 없이 지내고 있는데 또 한 친구가 불
쑥 내게로 연락을 해왔다. 상당히 느린 테이프 감기로 시작해
서 서서히 희미하게 기억되어져 내 가슴을 확 끌어올려 주는
역할까지 했다.

　짧은 편지 한 통에 받은 작품성 때문이라 할까. 생생하게 들
려주는 음성 메시지에서 느낄 수 없는 두고두고 음미할 가치와
섞여서 다가오는 신선함이라고 할까. 인생의 중반 길을 달리고
있고 세상살이의 고달픔조차 자기 것으로 승화된 이야기. 이
이야기들 때문에 기억하고자 하나 특별한 메시지가 떠오르지
않아서 그냥 그 편지만 받고 읽고 있을 뿐이지 달리 만나고 싶
다는 생각은 일어나지 않는다.

인연이 된다면 한번쯤 만나서 이야기한다면 그래도 뭔가 이야기가 될 듯한 느낌이 앞선다. 그 친구의 이야기는 이렇게 내게로 전해와서 오랫동안 남아 있다. 편지의 내용은 이러하다.

올해는 참으로 뜻깊은 한해입니다.

내적으로는 건강이 여러 군데 고장이 나서 꽤 고생을 했고 외적으로는 종적을 감추었던 이가 불쑥 나타나기도 했고 또 가까운 친인척의 일로 마음 고생을 한 한해라고 생각되어 집니다.

그러나 그 무엇보다도 올해의 대미를 장식하는 것은 스님의 소식을 늦게나마 접할 수 있었던 것입니다. 그렇게도 소식을 몰라했고 궁금해했고 미궁 속으로 빠졌던 스님의 소식을 23년이 지나서 알 수 있었던 것입니다. 너무나 반가웠고 보고 싶었던 것이 한꺼번에 밀어닥친 것이라 그런지 영탄 그 자체였습니다. 너무 반가우면 정신이 혼미해지는 법인지라 그날 밤은 온통 옛 생각이 베개 깃을 맴돌았고 내 시계(視界)는 수십년 전의 타임머신으로 떠돌고 있습니다.

올해가 아직 두 달이나 남아 있지만 이 이상 더 큰 이벤트는 없으리라 봅니다. 인생이란 만남 그 자체라고 보는데 그렇게도 오랜 세월을 소식을 끊고 살아야 하는 것입니까. 그것도 가정생활하는 아낙 같으면 지아비를 섬겨야 하는 일 때문에 그렇다 치더라도 스님이라면 중생을 제도해야 하는 의무가 있지 않습니까.

나는 스님이 어떤 세계에서 잘 살고 계신지는 잘은 모릅니
다. 단지 내가 아는 스님은 중생을 구제해주고 자비를 가르쳐
정신적인 빈곤에서 풍요로 이끌어 나가는 것이 사명감 같은 것
을 지닌 분이 아닌가 하고 생각하고 있습니다.

이제 꼭꼭 숨어서 정진만 하시지 말고 때론 저잣거리로 내려
와서 이 중생의 이야기도 귀담아 들어주시길 바랍니다.

스님, 앞으로 나는 100년을 채울 작심입니다.

보통 수명이 65세라고 했는데 스님과 만나지 못한 23년을
제한다면 90년이 될 것이고 나머지 10년을 보너스로 받을 생각
입니다.

스님, 오랜 세월 속에 석가모니 부처님이 고행을 마치고 나
타나듯 내 가까이에 스님의 모습이 있으니 나는 참 부자인 것
같소. 이 사바에 사는 우리에게 당신은 어쩜 맑은 한줄기 샘물
인지도 모릅니다. 이제 멀리 달아나시지 말고 늘 한 줄기 빛으
로 비추어 주세요. 이제 나는 스님을 만나게 된다면 옛날의 친
구를 잊고 오직 정운 스님만 만날 것입니다.

친구는 이미 잊혀졌고 아니 잊혀져야 하는 모습이 아닙니까.
스님. 생각 같아서는 빠른 시일 내 뵙고 싶지만 친구의 모습을
좀 더 가슴에 담아 두는 것도 괜찮은 듯하여 좀 참고 견디었다
가 친구의 환상이 완전히 사라지면 친구가 아닌 정운 스님을
만나고 싶습니다.

1995년 스님의 시집을 읽고 나서.

　23년이란 시간을 확 당겨 놓은 이 편지는 한 편의 수필로 내게 다가왔다. 매년 정초가 되면 가족과 함께 부처님 전에 소망을 빌고 그 소망이 믿음으로 다가와 열심히 하게끔 독려해서 꼭 이루어졌다는 그의 종교관을 보면서 한번쯤 만나보아도 편안하게 해줄 친구일 것 같아 설레임이 인다.
　인연이 되어 만나게 되면 느린 왈츠의 필름이 빨리 감겨나 줄까.

잔디 깎기

　언젠가 성지순례 차 어느 법당 옆을 지나다가 소담하게 핀 불두화를 보고 넌지시 세원사에도 한 그루 있었음 하는 말을 조경 하는 '황몽임' 씨께 한마디 넌지시 던졌는데 잊지 않고 오늘 아침나절 작은 묘목이지만 올해 꽃은 보았다는 말을 전하면서 한 그루 두고 갔다.

　봄날 내 실수로 불길에 스쳐 죽어 간 황매화 나무를 뽑아 버리고 그 자리에 손수 삽질을 하여 불두화를 심었다. "새로운 자리로 옮겨와 적응하는 데 많은 시간을 요하겠지만 잘 자라 주어서 한 식구가 되는데 손색이 없었음 한다" 하고 두런두런거리면서 흙을 북돋워 주었다.

　지난 가을에 시내에서 이사 온 두 그루의 동백나무도 이제 적응의 시기가 지났는지 꽃도 피워 주었고 잎도 싱싱하게 생기가 돌아주어서 보낸 이의 마음을 내내 고마워한다.

　이른 봄 잔디밭 불길 때문에 많은 나무가 연기와 불길에 몸살을 앓기도 하고 죽어 가는 나무도 있어 뜨락에 내려서 그 나무들을 바라보매 미안한 마음이 영 가시지 않는다. 뿌리가 아직 생존해 있으니 살아 날 가능성이 있을지도 모른다는 기대감에 섣불리 뽑아 버릴 수도 없었다. 하지만 이 뜨락과 인연 없게 만든 나의 실수, 나무들에게 미안하지만 재생의 기미가 보이지 않으면 어쩔 수 없이 뽑을 수밖에 없었다.

여름철이 되면 나무 손질도 손질이지만 잔디 손질이 여가 선용이 아니라 일거리로 느껴진다. 힘에 부대끼지 않고 조금씩 조금씩 해나가야 한다고 눈금을 그어 놓고도 일의 힘이 붙어 버리면 단숨에 해버리려고 하는 성격 때문에 늘 몸살을 한다. 빽빽하게 잔디가 자리한 곳은 그런 대로 풀이 서식할 수가 없어 다행이지만 잔디가 조금만 자라도 기계가 원활하게 들어가지 않는 단점이 있다. 잔디가 엉성하게 자란 곳은 빈 공간마다 풀들이 잘 자라고 있지만 잔디 기계가 원활히 들어가서 별 힘 듦은 없다.

나는 풀을 뽑으면서도 풀에게 미안하게 생각한다. 풀도 나름대로 개성이 있고 빛이 있고 색깔이 있어 꽃을 피우고 씨앗도 만드는데 인간이 지어놓은 그 필요한 이름이 아니라서 무참히 뽑혀져 나가는 쓸모 없는 그냥 잡초일 뿐이라는 것, 잡초뿐 아니라 어떤 원하는 것을 심어 놓은 곳에 딴 것이 서식하면 그것이 비록 이름 있는 꽃이라도 원래 자리한 것이 돋보이기 위해 뽑혀져 나가는 수난을 겪어야 한다. 때문에 하찮은 씨앗이라도 앉을 자리에 앉아 그 몫을 다 할 수 있을 때 돋보일 수가 있다.

　한바탕 비가 그치고 난 후 잔디가 물먹은 탓인지 매우 싱싱
한감이 들어서 괜시리 뽀송뽀송 잔디밭에서 서성이었다. 지난
해 미처 뽑아버리지 못한 코스모스 씨앗들이 여기저기 산발하
게 잔디밭 구석구석에서 서식하고 있는 것이 아닌가. 뽑지 않
고 그대로 둔다면 코스모스는 잔디 속에 힘들게 서식하여 가을
에 활짝 핀 꽃을 보여 주겠지만 또 그 씨앗들이 떨어져 발아를
한다면 이것은 잔디밭이 아니라 코스모스 밭이 되고 말 것이라
는 생각에 한참을 망설이다가 "여기는 잔디보호구역 네 집이
아니야. 또 제대로 환영받을 수 없으니 미안하지만 내 손으로
뽑아야겠어" 하고는 이런 말을 나 혼자 작은 코스모스에게 두런
거리면서 뽑아 버렸다.

　　지난해
　　멋대로 떨어진
　　작은 씨앗으로 인해
　　힘들게 싹을 틔운
　　작은 코스모스야

　　네 집인 양 자리잡은
　　잔디밭은
　　'네 집이 될 수가 없어.'

그리곤
내 손에 의해 무참히
뽑혀져 나가야 하는
너의 실체는 무엇인가

빗물을 먹을 수 있을 때
그 때가 그립더라고
저만치
풀죽어 뽑힌 채로
나를 바라보는 너는
그냥 죽어야만 하는 코스모스야.

　풀을 뽑는 것은 그런 대로 시간이 걸려도 여가라고 할 수 있겠지만 잔디는 봄이 되면 누런 때깔을 벗기 시작하면서 하루하루 다르게 푸르게 눈에 보일 만큼 다가선다.

　어느 정도 자라나기 시작할 때 깎아 주어야만 깨끗하고 그 위로 앉거나 밟아도 별 부담이 없다. 이곳의 흙이 물기가 있으면 신발에 턱턱 달라붙는 성질이라 그냥 흙으로 밟고 다닐 수가 없어 빈 공간 없이 모두 잔디로 심었다. 어쩔 수 없이 보기 좋은 정원을 하나 가꾸고 가지는 셈이 되어버렸다.

　잔디는 제 성격에 맞는지 너무 잘 자라서 나를 힘들게 하지만 나무는 더디게 자라는 것이 마음에 걸려 밑거름을 주어보지만 딴 곳의 나무들에 비해 그리 싱싱함은 없는 것 같다. 그래서 나는 많은 나무를 갖다 심으려고 하지 않는다. 잔디만 보는 것도 괜찮다.

낫으로 잔디밭 감당을 못하겠기에 몇 해 전에 서울 서초동까지 가서 하나 구해 놓은 것이 손으로 밀어야만 가는 수동식 기계이다. 몇 해를 사용하다 보니 요령이 생겨 어떻게 하면 잔디가 깎기고 어떻게 하면 빈소리로 잔디를 넘게 되는지 적당한 힘을 가하면서 운전을 한다.

눈으로 보아서 깔끔하고 정돈된 분위기라면 그것을 가꾸고 관리하는 사람의 손길이 얼마나 많이 가야 한다는 것을 잔디 관리하면서 터득한 진리라고 할까. 힘들어도 기계에 적당한 크기로 잘려 뒹굴어지는 향긋한 풀 향기. 이 냄새가 맡고 싶으면 앉은 자리 떨치고 일어나 잔디를 깎는다.

사람의 발 밑에서만 살 수 있는 잔디지만 잘려 나갈 때 사람의 코까지 향기를 전달해 줄 수 있는 그것은 잔디만이 가지는 개성일 것이다. 풋풋한 풀 향기가 그리울 때 나는 잔디밭에 내려서서 잔디를 깎아 준다.

「96年」

첫눈과 신혼부부

밤새 몰아치는 삭풍을 동반한 첫눈의 알림은 아무튼 요란했다. 다른 때 같으면 불쑥 찾아오는 참배객들을 위해 이른 아침 쌓인 눈을 완상하기도 전 치우기에 연연했는데 오늘 아침은 웬지 쌓인 눈 그대로 보고 싶기도 했고, 또 혼자서 저 깊게 쌓인 눈들을 치울 엄두도 나지 않았기 때문에 그대로 두었다.

한나절 햇볕이 나와서 어느 정도 녹여 놓은 다음 운동삼아 길을 터놓아야겠다. 눈이 내리면 강아지 망아지 할 것 없이 그 첫눈을 맞기 위해 이리 뛰고 저리 뛴다고 하는데 하물며 감정을 가지고 있는 사람이야 오죽하겠는가마는 아무튼 처음이라는 것은 웬지 순수하고 설레임이 인다. 그래서 처음은 웬지 더 소중하고 오래 간직하고 싶음이 이는 것이다.

경험 있는 것이 때론 큰 힘이 되기는 하지만 처음이라는 것보다 순수성이 결여되는 것만은 분명하다. 처음이라는 것은 신선함이 있어 좋다. 눈이 내린다는 것은 겨울의 시작종을 울리는 것과 같다. 겨울의 찬바람이 맨머리를 스칠 때 그 상큼한 맛

을 느끼기 위해 추운 날에도 웬만하면 모자를 쓰지 않으려고
한다. 가능한 머리는 차갑게 해주는 것이 머리 회전에 좋다는
건강의학도 있고 해서 말이다.

눈이 오면 오래 전에 감명 깊게 본 영화 '러브스토리'가 생
각이 난다. 영화 장면 장면들이 아름답기 그지없지만 흰눈이
쌓인 장면 위에 어우러지는 그 배경음악이 저 밑 속에 묻혀 있
는 감성들을 끄집어 내어주는 듯하고, 내리는 흰눈만큼이나 깨
끗한 느낌 그대로 간직하고 있는 것 같아 좋다. 그래서 좋은 영
화 좋은 책들은 삶을 순수하게 만들어 주는지도 모른다.

나이가 들어도 계절의 감각에 느낌을 가지고 살아가는 사람
들, 또 그것을 제대로 표현할 줄 아는 사람들을 간혹 만나면 웬
지 친근감이 가서 좋다. 그 때 그 분위기를 연출할 줄 알고 적
응하면서 여유를 보이는 그 넉넉함을 가지고 있는 사람에게는
생동감을 느끼고 사람을 끄는 힘이 있어 보여 늘 가까이 하고
싶다. 가까이 살고 있는 일법행 보살님은 남들이 말하는 갱년
기 나이에 접어들고 있는데도 가끔은 단조로운 내 생활에 환한
느낌들을 일깨워 준다. 오늘 일만 하여도 그렇다. 눈이 내리는
데 바닷가 찻집에서 차 한잔 공양 올리고 싶다고 했다. 이 얼마
나 멋진 생각일까.

스님을 늘 먼 거리에서 엄숙하게 바라보고 싶어하는 사람들
이 있는가 하면 늘 가까이 하면서 뭔가 얻으려고 하는 사람이
있다. 스쳐 지나는 말이라도 분위기를 아는 사람이구나 하는

생각과 눈길이라 길을 나서 보려고 했지만 엄두를 못내고 있는데 참배 차 온 지웅당이 동행을 해주겠다고 더 부채질을 했다. 타의반 자의반으로 나는 아무튼 바닷가로 나가야 했다.

바닷가 가면 꼭 찾는 찻집이 있다. '왈츠(waltz)' 해변가 작은 이층 공간인데 그 이름 때문인지 이층 계단에 올라서면 웬지 왈츠 춤 생각이 나서 발걸음이 가벼워진다. 왈츠의 이름은 백사장에 춤추는 춤사위를 연상해주는 것 같아 더욱이 흰눈과는 무관하지 않는 듯하다.

오늘 이 찻집에서 신혼여행에서 막 돌아온 부부를 만났다. 내가 이곳에 온다는 전갈을 받고 인사차 왔다는 것이다.

어느 해이던가 나이 먹은 노처녀가 신심이 깊은 친구 따라 나를 찾아 온 적이 있다. 그 친구는 이미 오래 전에 결혼을 하여 두 아이의 엄마가 되었지만 이 노처녀는 결혼에 대해 별 반응도 보이지 않고 자기가 좋아하는 일을 하면서 살겠다고 자신 있게 말하더니 얼마 전에는 와서 말했다.

좋은 사람 있으면 소개해달라고 결혼을 해야겠다는 생각이 든다고, 그 말을 남기고 간 지 얼마 되지 않았는데 아주 예리한 눈빛을 가진 노총각 한 사람이 다른 일 때문에 찾아 왔는데 그 순간 이 노처녀와 인연을 맺어 주어야 하겠다는 생각에 두 사람을 연결시켜 준 적이 있었다.

오랫 동안 결혼을 미루어 온 두 사람이라 함부로 말하기도 그렇고 그냥 두 사람의 감정만 지켜볼 수밖에 없었다. 다행히

해를 넘기지 않고 결혼을 했고 오늘 신혼여행을 마치고 인사차 온 것이다.

대개가 젊을 때는 그 강한 자존심으로 버티고 살다가 나이가 들면 미래에 대한 보이지 않는 자기 자신에 대해 불안해하고 남들이 다하는 결혼 나는 무엇이 부족해서 이리 살지 하면서 초조해 한다. 그러다가 선택의 여지없이 조급하게 결혼을 해보면 이것이 아닌데 하는 생각에 쉽게 실망하며 힘들어하는 모습 간간이 보아왔다. 혼자 살 자신이 없어 결혼이라는 울타리 속에 들어갔다면 빠질 줄도 알아야 한다. 그 속에 묻힐 자신이 없어 후회하는 결혼이 된다면 별 의미가 없는 것이다.

부부는 몇 겁생에 일구어 낸 인연이다. 그 인연이 있어야 참사랑을 할 수 있다. 인연이 아닌 사람과 억지 꿰맨 식의 만남이라면 쉬 상처받고 망가진다.

나는 부처님이 맺어준 이 부부가 부디 이런 삶이 되지 않기 위해 잘 가지도 않는 예식장에 가서 축하객의 틈 속에서 그들의 축하 축원을 올려 주었다. 부부는 경쟁상대가 될 수 없다고 했다. 서로 자존심을 내세워 싸우는 것도 하나의 이기겠다는 경쟁심인 것이다. 가장 가까워야 할 인연이 가장 먼곳에 있는 것처럼 느껴지지 않게 노력해야 할 것이다.

오늘 첫눈과 함께 내 앞에 앉은 부부에게 평생 새기면서 살아갈 수 있는 이 한마디, '부부는 경쟁 대상이 될 수 없다' 는 선물을 주고 싶다.

가을편지

요즈음 내 식탁에 치즈가 거르지 않고 오른다.

혼자서 몇 사람 역할을 하는 내 건강이 늘 걱정이 된다고 서울 큰 백화점에서 제일 좋은 치즈라면서 구해서 보내준 혜원 스님의 마음 써줌이 고마워 매일 매일 챙겨 먹는다.

허기진 배가 조르지 않으면 대충대충 먹는 음식의 영양 때문인지 잔 질병을 자주 하게 되는데 이것은 먹는 것보다 소비하는 양이 많기 때문이다.

요즈음 해제철이라 잠깐 잠깐 쉬어 가는 객스님들이 더러 있어 대접 겸 건강을 위해 대충이 아닌 온갖 식을 동원하여 먹는 일에 짭짤하게 투자를 하고 있는 셈이다.

아무리 맑고 건전한 정신을 소유했을지라도 육신이 병이 들면 정신은 자연히 육신을 시봉하기 마련이고 육신은 튼튼하고 정신이 병들었다면 육신 그것도 별볼 일 없이 정신을 따라가기 마련이다. 정신 육체 둘 다 삶을 공유하는데 어느 한쪽도 어긋나지 않고 나란히 함께해 주어야만 무언가 이루고 해낼 수가 있다.

정력(精力)이란 바로 심신(心身)의 활동력을 말하는 것이 아닌가. 정력이 있어야 무언가 할 수 있다는 것은 바로 몸도 마음도 건강해야 한다는 뜻이다.

젊었을 때는 젊음 그 자체가 바로 건강이다. 허나 나이를 먹어감에 모든 기관들이 약해지고 있음을 느낄 때 강해지기 위한 노력을 끊임없이 하는 것이 우리들이다. 즉 몸에 좋다는 것을 찾는다는 것이다.

치즈를 챙겨서 보내준 혜원 스님은 안부 전화나 편지에 꼭 건강을 챙겨주는 선배이다. 혜원 스님은 5살 때 절집과 인연이 되어 꽉찬 지식을 소유한 박사이기도 하지만 스님을 만나면 박사이고 학자라는 거북한 냄새를 풍기지 않는 그저 편안한 사람이다. 정말 저 스님이 박사이고 대학 교수라는 말인가 싶을 정도로 알음알이에 초월한 인품, 늘 겸허한 태도가 좋아 가끔은 안부하고 만나고 싶은 전혀 부담이 없는 스님이다.

조금 아는 것을 많이 아는 것인 양 떠들어대는 무리 속에 학자만이 가지는 외곬풍도 내세우지 않는다. 그러나 강단에 서면 모두가 스님의 강의와 인품과 외모에 빨려 들어간다. 강의할 때는 그리 당당하고 자신감이 있어 보이는 스님의 태도는 자기가 하는 분야에 대한 남다른 연구와 노력의 표출이라고 할 수 있을 것이다.

어디 어느 곳에 가더라도 스님은 그저 스님이고 싶어하지 교수라든가 학자라든가 하는 것에 익숙해져 있지는 않다. 스님의 그런 겸손한 모습에 나는 많은 것을 배운다.

이런 스님이 내 주위 가까운 인연으로 있다는 것이 참으로 뿌듯하다. 가을에 들녘과 산들을 바라보기만 하여도 뿌듯하듯이 말이다.

가끔 내게 보내오는 혜원 스님의 편지는 그냥 안부 편지가 아니고 한 편의 작품이라고도 할 수 있다. 또 시골 구석에서 멋만 잔뜩 부리고 사는 나에게 무엇과도 바꿀 수 없는 법문이기도 하다. 그래서 보내오는 편지를 없애지 않고 서랍 깊숙이 넣어 두었다가 가끔씩 꺼내 보곤 한다.

편지를 읽다가 문득 그리움이 일면 나도 펜을 들어 스님 곁으로 잠깐이나마 달려가 그 모습을 닮아 두려고 한다. 오늘도 서랍 정리를 하다가 스님이 보낸 엽서랑 편지들을 읽어보았다.

엊그저께 통화는 했지만 또다른 느낌이었다. 전화는 순간의 기쁨이지만 글은 두고두고 함께하는 기쁨이기에 어느 가을날 스님이 내게 보낸 편지 한 통을 공개하고자 한다. 아마 혜원 스님은 이 내용을 까맣게 잊고 있다가 다시 보게되면 옛날을 회상하는 젊음을 얻을 수 있을 것이다.

정운 스님!
남산의 은행 가로수는 눈부시도록 노랗고 떠받치고 있는 하늘은 새파래서 눈이 서럽다오. 아- 자연은 이렇게 아름다운가.

가을이면 누구나 다 시인이 된다고 했지만 어찌 이 아름다운 자연을 언어로 맺을 수 있단 말인가. 그냥 보고 듣고 느끼면 되는 것으로 감탄과 찬탄만이 메아리칠 뿐이라오.

스님,

육신이 아프다고 절절매더니만 어떻소.

말이사 육신은 사대로 화합되었다고 쉽게 중얼거리지만 소유하고 있는 한에는 이보다 더 소중한 것이 어디 있겠습니까. 가장 잘 장엄해야 할 법체가 아닙니까.

요즈음은 소화 잘되고 견딜 만한가요. 아니면 이 가을의 정겨움에 주위 사람도 잊어 버렸습니까. 아픔마저도 말입니다.

코스모스 같은 스님이기보다 내가 정녕 보기엔 송이 같은 스님이라오. 깨끗하고 맑음 그대로를 지닌 수행승이라오. 이게 내가 스님을 아는 것 전부요. 좋아서 하는 일(학교일)인데 더러는 혐오와 적개심도 일어난다오.

수행승이 왜 그리 깔끔하지 못한지 나 자신 원망되고 '가르친다'는 것에 자신감마저 뒤로 한다오. 해가 갈수록 말입니다.

중국 계림에 가서 '적벽가'나 부르고 운강 석굴에 가서 여래께 참배나 올리고 싶네요. 이런 도피 증세는 언제나 일어나는 법이지만 천성이 낙관적인지라 순간 주저앉아 버리기 일쑤요.

늦가을 다 가기 전에 공주와 웅주를 돌아다녀 봅시다.

절 집 밥 축낸 지 어언 40년이나 되는구려.

내일 내가 세상에 나온 날이라오. 세존은 옴도 감도 없으시지만 이 범부는 옴은 있는데 감조차도 보이지 않고.

이것 어찌해야 좋소.

다리 뻗고 울까요.

원고지 보니까 문득 스님 생각이 나고 궁금도 하고 아마 내 소식 궁금하지 않을까 염려되어 이렇게 썼다오.

법체 무고하시길 축원하면서 잘 계십시오.

또 연락 드리리다.

혜원 합장

나는 글을 쓴다는 이름표를 하나 더 가지고 살아가지만 성격은 그리 다정다감하지 못하다. 가끔은 어떤 이들이 나에게 말한다. 글을 쓴다고 하니까 매우 감성적이고 다정다감하고 재미있을 것이라고 생각했는데 막상 곁에서 보니 너무 철저하고 경직되게 살고 있는 것 같다고 한다. 꼭 글을 쓴다고 하여 겉으로 감정이 표출되어야만 하는 것은 아니다. 안으로 안으로 다져져서 펜을 잡았을 때 그 감성의 힘들이 쏟아져 나와야 하는 것이 아닌가 하는 생각이다.

혜원 스님은 학자이지만 딱딱하지 않고 참으로 부드러운 부분들을 많이 가지고 있다. 묵은 그의 편지를 읽노라면 막혀 있는 내 감성들이 뚫려지는 것 같다. 오늘 곱게 물들어 가는 은행잎들을 바라보면서 스님의 편지를 읽고 있노나니 불현듯 이산 혜연 선사의 발원문이 생각이 난다.

"바른 신심 굳게 가져 아이로서 출가하여 귀와 눈이 총명하고 말과 뜻이 진실하며 세상일에 물 안 들고 청정범행 닦고 서리 같은 엄한 계율 털끝인들 범하리까."

세상을 살아가면서 세상일에 물들지 않는 스님이 내 가까운 인연으로 있다는 것, 그것만으로도 나는 결코 가난하지 않다.

가을은 바라보기만 하여도 넉넉하듯이 말이다.

「봉은 97年 11月」

아들에게 편지를 띄우는 아버지 이야기

세원법보에 보내 온 이번 글을 보면서 나도 모르게 코끝이 찡한 느낌을 받았다. 대학시험을 앞둔 아들에게 아버지가 대신할 수 있는 것은 아무 것도 없고 옆에서 지켜보자니 안타까운 마음에서 일어나는 아버지가 아들에게 향하는 그 마음이 너무나 아름다웠다. 그 글을 보는 동안 내내 우리 아버지도 이런 심정이었을까 하는, 부모님 마음을 헤아릴 수 있는 시간이 될 수 있었다. 오늘은 아들에게 편지를 보내는 그 아버지 이야기를 좀 해야겠다.

오창현 처사님, 처사님은 평소 꽤 내성적이시라 세원사에 오셔도 부처님만 뵙고 아래에 내려와서 차 한 잔 드시고 가시라 하여도 스님이 그저 어렵고 쑥스러워서 오시지 못하시는 분, 그렇지만 세원사의 자질구레한 일을 부탁하면 밤중이라도 달려 와서 고쳐 주시고 만들어 주신다.

전기계통의 일을 하고 계시기 때문에 초파일 세원사 안팎의 등 가설은 그분이 도맡아서 동료들과 함께 일을 해주셔서 나는 아주 편한 초파일 행사를 늘 치루어 왔다.

또 한 가지 아름다운 일은 보살님이 남편에게 주는 용돈을 꼼꼼하게 모아서 관리를 하고, 또 세원사 학인 스님이 올 때마다 책값을 줄 수 있는 마음, 한번은 내가 우스개 소리로 나도 용돈을 좀 달라고 했더니 스님은 자기보다 부자이기 때문에 줄 수가 없다고 했다.

또 한번은 처사님이 그 용돈을 모아 중형승용차 한 대를 구입 했다. 사람들은 차를 구입하며 무사고 운전을 기원하는 의미에서 나름대로 차 고사를 지내고 하는데 나는 차를 새로 사는 분들에게 부처님께 신고하는 의미와 또 무사고 기도를 다른 방법보다 부처님전 기도를 권유한다. 물론 그분도 쾌히 승낙을 하셔서 그리 했다.

그런데 그 기도를 하고 일주일도 안 되어서 보살님이 남편이 없는 사이 운전을 하다가 접촉사고를 내었다. 보살님은 남편 모르게 빨리 원상태로 만들어 놓으려고 했지만 그리 쉬운 일은 아니었다. 큰 걱정이었다. 분에 넘치는 데다 그 차를 구입하기 위해 돈을 모은 남편을 옆에서 지켜 보았기 때문에 보살님은 어쩔 줄 몰랐다. 부인과 아들이 다치지 않았기 때문에 그런대로 넘어 갈 줄 알았는데 부인의 예상대로 그날 그 집은 초비상이 걸렸다. 결국은 부처님께 차 고사까지 지냈는데 이럴 수 있느냐는 원망도 있어 부인도 나도 참으로 힘들었다.

처사님 입장을 이해하면서도 물질 그 자체에 이끌려 가는 그

마음을 비워지도록 정화하지 못한 나의 교화방법에 대한 허탈
감에 사로잡혀 그분의 마음을 달래 보려고 했지만 힘들었다.
(처사님 그때 스님이 많이 속상했어요.)

　그런 일이 있은 얼마 후 어느 날 처사님은 법당에서 수없이
절을 하고 있었다. 그리고 조용히 내려와서 자기의 어리석음을
꾸짖어 달라고 용서를 빌었다. 이런 계기로 앞으로 더욱 더 보
시행을 실천하는 불자가 되겠다는 의미에서 참회기도를 했으
니 더 이끌어 달라고 하셨다.

　평소 말이 없으시지만 보살님을 통해 본인의 의사를 전달하
면 나는 아무런 사심없이 그대로 받아들인다. 허나 이것 하나
만은 이 지면을 통해 양해를 구하고 싶다. 보살님은 공양주가
없는 세원사 살림을 무보시로 이것 저것을 해주시는데 남편이
집에 있는 날은 빨리 돌아가서 남편을 위해 이것 저것을 챙겨
야 한다는 생각에 마음의 여유가 없다.

　절에 좀 큰 일이 있을 때는 여유 있는 마음으로 일을 마무리
하고 돌아갈 수 있도록 더 큰 보시행을 했으면 하는 부탁이다.
(이것은 순전히 나의 욕심이겠지만)

　처사님께 두 아들이 있는데 이 아이들 모두 초등학교 때부터
법회에 빠지지 않고 꾸준히 나름대로 부처님 법을 실천하려고
하는 아이들이다. 큰아이가 이번에 수능시험을 본다. 그 아들
을 위해 그 마음을 표현하는 편지글 중 한 부분을 소개하면서
이 글을 읽는 아들을 둔 아버지 생각이 어떠한지 우리 한번쯤

느끼고 생각할 필요가 있지 않을까 하는 생각이다.

사랑하는 아들 동용아!

이제 얼마 남지 않은 수능시험에 부대껴 너의 얼굴이 무척이나 야위어 가는 모습, 아침부터 또다른 아침까지 노력하는 너의 모습을 보며 이 아빠는 조그마한 힘도 되어 주지 못함이 안타깝고 부끄럽고 그저 안절부절할 뿐이다.

우리의 교육현실이 그러할진대 우리가 어디에 어떻게 하소연할 수도 없고 당장 교육개혁이 될 수 있는 문제도 아니지 않겠니. 힘내거라. 지금의 힘든 고난을 이겨내면 너의 살아갈 날의 큰 힘이 되어 뒷날을 돌아보며 미소지을 날이 오지 않겠니?

아들아!

이 아빠는 너에게 많은 것을 바라지 않는다.

오직 본인의 적성에 맞는 학과를 선택하여 너의 숨은 실력을 마음껏 펼칠 수 있는, 욕심없이 살 수 있는, 겸손할 줄 아는, 남을 생각할 줄 아는, 윗사람을 공경할 줄 아는, 더 나아가면 작은 힘이나마 나라와 주위에 보탬과 봉사할 줄 아는 그러한 사람이 되길 항상 이 아빠는 부처님전에 두손 모은다.

아들아!

너희들만 힘이 드는 게 아니다. 너도 보아 알겠지만 네 엄마 또는 너희와 같이 함께함을, 매일 천주의 염주알을 돌리며 절하고 기도하는 모습을 보면서 너희는 무엇을 느껴야 한다.

아들아!

우리가 이렇게 건강하고 행복함을 부처님전에 감사하면서
살자. 나보다 못한 이웃을 생각하며 작은 도움이나마 부처님
법을 베풀며 실천하며 살자꾸나.

마음의 장

이즈음 살기 힘들다는
회한에 찬 목소리를 자주 만난다.
그 모두가 우리 스스로 만들어 놓은
결과이건만….
꽃을 완상하고 나무를 바라보는
텅 빈 마음으로 각자의 덕성을 쌓아간다면
정말 힘든 세상이 아니라 좋은
세상이라고 봄 하늘을 우러러 보며
환호할 것이다.

일심정례

갓 불교에 입문한 어느 부부와 함께 개심사 부처님도 뵙고 서산 마애삼존 부처님도 뵈었다.

초겨울의 문턱이라고 하지만 부족한 산소를 받아 들이기엔 참 맑고 상큼한 공기가 산 가득히 흘러 내렸다. 신앙에 큰 부처 작은 부처가 따로 있는 것은 아니지만 오랜 전통을 자랑하는 그 그늘에 다가서면 웬지 모르게 고개 숙여지는 마음은 그만큼 많은 사람들의 원력과 공덕으로 뭉쳐져 있기 때문이다.

늘 불교의 주위에서 맴돌기만 하지 선뜻 믿음을 내지 않는 이 부부에게 내가 느끼는 이런 느낌이 받아들여질까 하는 생각에 함께 동행한 것이다. 이런 내 내심을 눈치라도 챈 듯한 처사는 아내를 은근히 등 밀어 법당으로 들여보내고는 정녕 자기 자신은 관망하는 자세로 서 있었다. 아마 아내가 자기 몫까지 하겠지 하는 마음에서인지 아니면 허리 굽힐 용기가 나지 않는 것인지는 모르겠지만 나는 편안한 마음으로 권유했다.

아는 집에 갔더니 그 집안에 어른이 계셔서 그분께 인사를 드린다고 생각하고 참배를 권유했지만 끝내 그 권유를 받아들이지 않아서 더는 권유하지 않았다. 스스로 그러한 마음이 생길 때까지 기다려보는 수밖에 도리가 없다.

가끔 이런 권위적이고 자기 아집과 고집에 사로잡혀 있는 사람들을 만날 때가 더러 있다. 아내는 불교이지만 자기는 무종교라고 한다. 또 절 앞에까지 아내를 차로 태워주기까지 하면서도 정녕 법당에 들어와 참배할 줄 모르는 가장 이론적인 남자분들. 이런 남편을 위해 아내들은 수없이 절을 하고 그저 내 남편이 잘 되게 해달라고 한다. 또 아내들은 어떠한가. 어떤 불사를 하든지 오로지 남편과 자식을 위하지 자기 자신의 불사는 늘 그늘로 덮어둔다.

자기가 가지고 있는 종교의 좋은 점을 발견했다면 내 가족부터 포교를 하여 함께 한뜻을 받들어 간다면 훨씬 쉽게 험난한 세상을 헤쳐갈 수 있을 것이다. 남편은 무종교로 만들고 또 아이들은 아무런 의식 없이 교회로 보내는 그 아내가 정말 부처님 앞에서 한번이라도 가족 모두가 같은 종교를 갖게 해 달라고 발원이라도 했을까. 종교는 자유라는 자기 합리화시키는 말을 하면서 말이다.

불자이든 비불자이든 사찰에서의 기본예의가 참배이다. 교인들은 교회식으로 참배를 하고 천주교인들은 천주교식대로 참배를 하여 내가 찾아간 그곳에 대한 기본적인 예의는 표하는 것이 바른 신앙인이다. 이런 사람들에게 굽혀지지 않는 허리를 굽혀 보라고 강요한다면 그나마 불교의 주위에서 맴도는 일조차 거부할 것이다. 가장 자연스럽게 접할 수 있는 인(因)을 심어 주어야 하는 것이 바로 나의 의무이다.

우리가 부처님께 고개 숙이고 무릎을 꿇는 것도 오랜 전생부터 지어 온 온갖 죄업과 현실에 길들여진 나쁜 가치관과 습관들 즉 업력의 장애를 맞기 위해서 많은 절을 시키는 것이다. 업의 덩어리를 녹이지 않고 모든 일들이 순리대로 풀어주길 바라는 것은 감나무 밑에 입 벌리고 홍시가 떨어지길 기다리는 것과 같다. 여러 번 절을 하다 보면 자신의 모든 아만이 저절로 꺾이게 되고 자기 겸손에서 오는 경건한 마음이 항상 일어나며 모든 일들이 즐거움 속에서 이루어지게 된다. 절하는 순간 순간 서원과 원력을 세우므로 탐내고 성내고 어리석은 삼독심이 사라질 뿐 아니라 지극히 안전한 마음을 가지게 되는 것이다.

『법화경』「비유품」에 보면 화택동자(火宅童子)의 비유가 있다.

옛부터 내려오는 하나의 큰집에서 아이들이 놀고 있었다. 집이 너무 커서 아이들이 보기엔 한눈에 들어오지 않는 그런 집이었다. 그런데 그 집에 불이 났다. 아이들은 놀기에 바빠서 불이 났는지도 모르고 있었다. 불타는 집을 보고 아이들을 그대로 내버려둔다면 아이들은 불에 타 죽고 말 것이다. 그래서 아이들에게 지금 집에 불이 나서 밖으로 나가자고 했지만 아이들은 이 말을 믿으려고 하지 않았다. 하는 수 없이 아이들을 유인하기 위해서 밖으로 나가면 이보다 훨씬 더 좋은 장난감과 놀이기구들이 많으니까 밖으로 나가자고 했더니 아이들은 더 좋은 장난감들을 가지기 위해서 밖으로 나왔다.

여기서 불타는 집, 화택은 우리들의 육체를 비유했고, 아이들은 바로 우리들의 정신, 영혼을 비유한 것이다. 불에 타고 있는 집이 불에 의해서 서까래가 내려앉고 기둥이 기울고 대들보가 내려앉는 것처럼 우리들의 육체도 점점 늙고 병들어 쇠약해져서 머리가 희어지고 척추가 굽어지는 현상과 똑같다. 이런 속에서 화택 동자처럼 놀기에 바빠 자기가 곧 불에 타서 죽을지도 모르는데 어리석음으로 말미암아 그저 오래 살기만 바랄 뿐이지 영혼의 자유와 마음의 해탈을 얻으려고 하지 않는 것이 바로 고개 숙이고 허리 굽힐줄 모르는 사람들이다. 마음의 안식을 얻고 영혼의 자유를 얻어야만 한다. 그래야만 스스로 불타는 집을 발견해서 자유를 찾을 수 있을 것이다.

오후 한나절 성지순례의 길에 나선 내 마음은 그리 흡족하지는 않았다. 하지만 그래도 부처님 가까이 있고 싶어서 성지순례에 동행하자고 한 그 마음, 언젠가는 나의 권유가 없어도 스스로 일심정례할 참한 불자가 될 것이라고 믿기 때문에 코끝이 찡한 찬바람이 상큼하게 느껴진 일요일 오후였다.

「불교세계 96年 1月」

재(齋)와 제(祭)의 차이

가끔은 불자이든 비불자이든 인연이 되어 49재를 부탁하는 이들이 더러 있다. 대개는 그 비용이 얼마나 드는지부터 물어온다. 재의 비용이란 일정하게 정해진 기준은 없다. 형편이 넉넉한 사람은 넉넉한 대로 없는 사람은 없는 대로 하면 된다.

허나 돌아가신 영가에게나 그 의식을 집행하는 스님에게 섭섭하게 해서는 안 된다. 유산을 상속받았거나 영가를 위한 재력이 생겼다면 영가를 위해 영가의 복을 쌓아 주어야 한다. 즉 영가의 이름으로 복지사업을 해주라는 것이다. 영가를 위해 복을 쌓게 하는 한 방편으로 재를 통한 의식이 보편화되어 있어 비불자도 많이 한다. 이것은 영가에게 복을 쌓게 해 주는 재이지 제는 아니기 때문이다.

재는 마음을 가지런히 하고 맑게 하여 업장을 소멸하고 복을 닦아가는 의식인 반면에 제는 죽은 이를 위해 혼백이나 신령에게 음식을 바쳐서 정성을 드리는 의식이다.

재(齋)는 불교만이 갖는 의식이다. 살아있는 사람은 고인이 마지막 생을 받는 49일째의 날에 재를 올려 좋은 생을 받아 다시 태어나거나 극락왕생할 수 있도록 축원을 해야 한다. 흔히 대부분의 사람들은 49재도 단순한 제사인 줄로 알고 있다. 49재는 제가 아니다. 사람이 죽어서 생전에 지은 업에 따라 마지막 생을 받는 날에 지내는 하나의 의식인 것이다.

사람이 살다가 죽은 다음 새로운 생을 받는 과정을 네 단계로 나누어 말하는데 이것을 사유(四有)라 한다. 현재 살고 있는 생을 본유(本有)라고 하고 죽은 순간을 사유(死有)라고 한다. 사유(死有)에서 새로운 생을 받는 기간의 불확정 단계를 중유(中有)라고 하며 중유 때의 몸을 중음신(中陰神)이라고 부른다. 중음신이 각자의 업에 따라 새 생명을 받아 새로 태어나는 때를 생유(生有)라고 한다. 이런 사유(四有)사상이 근거가 되어서 49재가 나왔다. 사람이 죽어서 7일 간격으로 생을 받다가 7번째의 확정된 생을 받아 태어난다는 윤회이론이 49재를 만든 것이라고 할 수 있다.

재가 돌아가신 선대조상에게 제사를 올리는 것과 동일한 성격을 갖는 것은 『능엄경』과 『범망경』에서 유래되었다. 『능엄경』에서는 바사익왕이 부모의 기일(忌日)에 재를 올려 베풀었고 『범망경』에서는 부모, 형제, 화상, 아사리가 돌아가신 날로부터 21일 또는 49일째 되는 날 대승경율을 강설하고 재를 개설하여 복을 구하였다고 한다.

우리가 재를 올리는 것은 영가에게 드리는 선물이요, 영가로 하여금 복력을 쌓아 선도수생(善途受生)하도록 도와주는 길이다. 여기에 불평불만이 있다면 지극한 정성이 될 수가 없다. 재를 지내고 나면 가끔은 상상밖의 이야기들이 들려 온다. 어떤 이는 자기가 낸 비용은 생각하지 않고 재물차림에 대하여 논하고, 어떤 이는 친인척들이 와서 부처님전이나 영단에 얼마를 시주를 했는지 알 수 없어 인사를 할 수 없다고 한다.

재에 참석한 모든 분들은 영가의 명복을 빌기 위해서 왔고 또 그분들이 부처님전이나 영단에 성의껏 시주하는 것도 영가를 위한 조건없는 베풂이다. 그 베풂은 베풂으로 끝나야 한다. 거기에 의심이 생기고 불평이 생긴다면 참다운 재의 의식이 될 수가 없다. 의식을 집행하는 스님이 일일이 상주에게 누가 얼마의 시주를 했으니 인사하시라고까지 할 수는 없다. 이러한 행위는 보시에 대한 행위를 잘못 알고 있기 때문이다.

영가를 위한 재가 제로 탈바꿈해서야 되겠는가. 재는 살아있는 자, 죽은 자가 부처님 법으로 통한 복력을 쌓는 의식이기 때문에 정성된 마음을 가지고 지내야 한다는 것을 거듭 당부한다.

「세원법보 2호」

병풍 반야심경을 보급하는 것은

꽤 오래간만에 붓을 들어보았다.

약간의 흔들림도 있었고 붓끝의 힘은 오늘따라 더디게 내려졌다.

쉬지 않고 단 한 번에 똑같은 필체의 힘을 유지하기 위하여 270자를 써내려 간다는 것은 큰 노동인 만큼은 사실이다. 왜냐하면 하나의 병풍을 완성하고 나면 며칠을 힘들어하면서 보내니까 말이다. 아무런 사심없이 먹을 갈아주는 보현행 보살님의 팔도 꽤나 아플 것이다.

바쁜 시간 틈 속에 이런 힘든 일을 자청하여 병풍을 보급하고자 하는 데는 내 나름대로 몇 가지 이유가 있다.

첫째는, 반야심경은 불교에서 많이 독송하고 있을 뿐 아니라 불교의 핵심 사상인 모든 실상을 그대로 바라볼 수 있는 지혜의 경지를 소개하고 있는 경전이기 때문에 각 가정에 모시는 것만도 큰 공덕이 되기 때문이다.

둘째는, 슬픈 일이 있을 때 시체를 가리는 병풍들이 대개는 뜻도 잘 알 수 없는 글씨체본이 아니면 그림으로 된 것을 사용하는 것이 대부분이었다. 불자 가정이나마 부처님 경전으로 영가의 왕생극락을 빌어주자는 의도이다.

셋째는, 한 자 한 자 온 정성을 드리고 기도하는 마음은 부처님 존안을 한 분 그린다는 사경의 마음이다. 이러한 생각으로 반야심경 글자 수 270벌이라도 보급하자는 원력을 세웠다. 이번 달로 61벌이 나간 셈이다.

붓글씨의 대가이신 심교수는 가끔 나를 만나면 충고한다. 너무 헤프게 주는 것이 아니냐고. 너무 쉽게 주어버리고 그리고 쉽게 받아가면 그 값어치조차 쉽게 갖는다고 늘 말씀하신다. 작가가 자기 작품을 아끼지 않는 사람은 없다. 작가의 작품이 다른 사람에게서 별 쓸모없이 다루어진다면 그것은 바로 그 작가의 인품을 천박하게 다루는 것과도 같다. 작품을 두고 돈으로 따지고 논해서는 안 되지만 사람의 심리는 이러하다. 만약 어떤 작품을 거액의 돈을 주고 사왔다면 돈 생각이 나서 그 작품을 아끼고 사랑할 것이지만 쉽게 얻은 작품은 쉽게 생각해 버리고 그 소중함을 모르기 때문이다.

나는 그리 유명한 작가는 아니지만 원고 청탁이 올 때 원고료를 보내지 않는 곳에는 글을 주지 않는다. 귀한 작품들을 귀히 여기고 싶은 작가의 마음일 것이다. 이 병풍만 하여도 그렇다. 내 마음이 우러나서 선물을 하고 싶은 사람에게 병풍을 해서 주거나 아니면 글씨체만 주기도 하면서 꼭 병풍을 해서 모시도록 권유한다.

　세원사 신도는 관음회 중심으로 매달 한 번씩 나가고 있다. 매달 주면서 때론 실망을 거듭한다. 소중함이 결핍된 것 같아서 말이다. 마음 자세가 되어 있지 않은 사람에게 안겨주는 것 같아 더러는 마음이 불편할 때가 있다. 가지고 가는 사람은 얼마의 종이 값으로 그 대가를 지불했다고 생각할지는 모르지만 주는 사람은 주고도 웬지 허전함이 그득하다. 딸을 시집보내는 마음처럼 말이다. 자기 차례가 되어 병풍을 가져갈 때는 부처님께 감사하는 마음으로 108배의 기도의 마음이라도 있어 주었음 좋겠다. 그래야만 나는 더 많은 힘을 얻을 수 있을 것 같다. 집안에 스님의 기도의 향기와 묵향의 빛이 그득 차 있다면 이 또한 든든한 힘이 아닐까.

「세원법보」

사경하는 마음

　현재 불교인들이 대부분 수지독송하는 것은 천수경과 반야심경이다. 천수경은 밀교의 성격을 가지고 있어 비밀진언인 대다라니로 중심을 이루고 있는가 하면 반야심경은 현교(顯敎)적인 성격을 가지고 있어 무조건적으로 독송만 하는 것이 아니고 그 뜻을 터득하고 알아야 한다. 즉 반야는 비교분석하여 따져 아는 것이 아니라 있는 그대로 받아들이고 직관하는 분별없는 지혜를 말하는 것이다.

　경전에 보면,

　"만약 선남자 선여인이 이 경전을 듣고 지녀 가까이 하여 남을 위해 가르치고 바르게 기억할 때 금생에 그 공덕을 얻고 이웃 중생들까지 성취시키며 불국토를 장엄하리라."고 했다.

　가끔 불자의 집에 상문차 가 보면 평범한 이들이 잘 알지도 모르는 흘림초서의 글자가 있는 병풍을 소지하고 있는가 하면 또 어떤 집에는 상가집이라는 것을 잊은 탓인지 아니면 병풍이 없기 때문인지 읽지도 못하는 글자는 상주 쪽에 산수화 그림이 있는 쪽은 시신 앞에 쳐 있는 것이다. 영혼이 그림 좋은 산수화에 묻혀 새 몸 받길 미룬다면 어떻게 될까.

나는 어느 날인가 나와 인연 맺은 불자들에게 반야심경 병풍을 보급해 주기 위한 포교로 붓을 들기 시작했다. 읽고 소지한 그 공덕으로 이 사회를 불국토로 이루는 데 조금의 보탬이 된다면 하는 생각과 그냥 입으로 독송하는 것으로 끝날 것이 아니라 볼 때마다 그 뜻을 새기고 실천하는 불자이길 원하는 마음에서이다.

대부분 병풍 한 벌의 작품을 쉽게 얻어지는 것이 아닐 뿐 아니라 또 얻는다면 많은 작품 값을 치루어야 한다는 부담감과 또 일상생활에 병풍이 그다지 이용되지 않기 때문에 거의 구비해 놓지 않고 있다. 또 표구 값이 쉽게 할 수 있는 가격이 아니기 때문이다.

나는 병풍을 원하는 세원사 불자들을 중심으로 번호를 정해 주었고 그 번호에 해당하는 사람에게 글을 주기로 했다. 마음을 비우지 못한 어떤 불자는 내 서툰 글씨가 마음에 들지 않는지 자기 번호가 뒤 차례가 되었음 좋겠다는 욕심을 부리기도 했다. 이런 불자가 보는 것처럼 능숙한 붓 놀림이 아니라는 것도 나는 알고 있다. 하지만 한 글자 한 글자가 바로 부처님이라는 생각과 가장 공경스러운 믿음과 마음으로 한 점 한 획에 불상을 조성하는 마음으로 기도하며 그 정성을 쏟고 있다. 능숙한 붓 놀림보다 이러한 마음을 느꼈음 하는 바람이다.

　나의 이런 선택을 주위 도반들은 만류하기도 했다. 생각은 좋지만 과연 스님의 그 마음을 읽을 줄 아는 불자는 몇 명이나 될까 하는 공들인 만큼 결과가 허탈할 것이라는 뜻이다. 어떤 대가와 대우를 받기 위해서 하는 것이 아니다. 사경의 참된 신앙이 불자들 가정에까지 퍼져 불은이 충만하다면 입으로 수없이 법문을 하는 것보다는 더 큰 포교가 아닐까 하는 생각에서이다.

　반야심경 사경의 원이 엊그저께 관음재일날 엄영숙 보살님에게로부터 시작이 되었다. 몇 해 전 병풍 한 벌 감을 구해 달라고 나에게 청했는데 마땅히 병풍 글을 부탁할 인연을 만나지 못해 해 주지 못한 마음이 내내 걸렸는데 처녀 작품을 가져가게 되어 얼마나 기쁜지 모른다. 뒤 번호가 차례되길 바라는 불자님보다는 훨씬 아름답고 반야 같은 마음이 아닐까.

봄에는 가을열매를
약속한 꽃들을 죄다 피워준다

소똥, 말똥 낙엽 등 거름될 만한 것을 죄다 모아 삭히고 다져서 봄 햇볕이 일어나기 시작하면 농부들은 너른 들판 위로 죄다 갔다 뒤저어 가면서 갈아 엎는 달이 3월이라면 4월은 그 거름의 영양분을 충분히 받아 예쁘고 고운 새순들이 몰아 내어주는 달이라고 말하고 싶다.

엊그저께 가까운 곳 장곡사로 참배를 갔다.

칠갑산 기슭에 자리한 곳이라 칠갑산 노래가 문득 생각이 났다. 칠갑산 휴게소에 이르면 그 노래가 잔잔히 흐르고 있는데 나는 그 노래의 가락이 어려워 잘 부르지 못하지만 흥얼거릴 줄은 안다. 오며가며 칠갑산을 지날 때마다 그 노랫 가락을 떠올리지만 길목에 표지판이 붙은 장곡사로는 쉬이 들어 가지는 않는다. 마침 이곳에 살면서 한 번도 장곡사를 가보지 않았다는 조명연 씨의 점심 공양 답례도 할 겸 갔었다.

장곡사는 다른 사찰과는 달리 두 개의 대웅전을 가지고 있다. 대웅전 하면 거의 대부분 석가모니불을 본존불로 모시고 있는 데 비해 장곡사는 약사여래를 본존불로 모시고 있다. 일반적인 우리 절집의 상식으로는 대웅전이 아니라 약사전이라 해야 옳은 표현이 된다. 상대웅전 하대웅전 모두가 약사여래가 주불이다. 우리 산 옛 절을 지은 작가의 표현을 빌리자면 약사여래를 봉안하면서 그것을 약사전이라 이름해야 했던 것인데 약사여래를 숭상했던 고려 밀교 흥륭기의 일이라 그대로 대웅전이라 했을 것이고 나중에 아래에다 본격적인 대웅전을 조성하면서도 위는 위대로 그 현판을 둬두었는 것이 아닌가 하는 추측을 하지만 아래 대웅전 역시 약사불인 것이 특이하면서도 납득이 잘 안 간다.

우리 일행은 하대웅전에 참배를 마치고 50개 돌층계를 밟고 상대웅전에 오르니 칠갑산의 산바람은 앞서서 봄 내음을 전해 주었다. 참배를 하기 위해 법당에 들어서자 마자 아주 친근한 향기가 산바람과 함께 내 앞에 불쑥 나앉아 있는 느낌을 받았다.

누구의 마음과 정성에 의해 이곳 산중까지 운반되어 상단에 놓여 있는 후리지아 꽃, 꽃은 언제든지 꽃가게로 가면 필요하고 원하는 만큼 앞선 계절의 꽃을 살 수 있지만 자연으로 피어나는 꽃은 제철이 아니면 볼 수가 없다. 언젠가 장곡사에 왔을 때는 노오란 상사화 꽃들이 온 도량에 흐트러져 피어 있더니만 오늘은 후리지아 꽃향기가 또 장곡사를 잊지 못하게 하였다.

봄의 기운을 한아름 느끼고 싶어 나는 돌아오는 길 오래간만에 꽃가게에 들어가서 나를 위한 꽃을 사 보았다. 그리고 어느 한쪽에라도 그 향기가 치우치지 않고 고개 들면 골고루 맡을 수 있도록 방 가장자리에다 꽂아 두었다. 어떤 이가 내 방에 들어 와서는 내가 꽂아 둔 꽃을 보고 후루좋아 꽃이라 표현했다. 두루 좋다는 표현일 게다.

인위적으로 키워지지 않는 꽃. 바람이 불면 부는 대로 햇볕이 주면 주는 대로 자란 꽃은 색깔과 향기가 더 진하다. 소비자가 원하면 계절과는 상관없이 언제든지라는 상표를 달고 꽃가게에 즐비하게 나앉은 꽃들을 보면서 저것도 인스턴트 꽃이니 쉽게 시들어 버리겠지 하는 마음 때문인지 특별한 날이 아니면 꽃을 사는 데 너무 인색한 편이다. 꽃바구니 하나 값으로 묘목을 사서 심어서 꽃을 완상한다면 그 몇 배의 값어치가 있겠지만 꽃을 주고받고 바라볼 수 있는 마음으로 사람의 마음이 정화된다면 그것을 꼭 값으로 흥정할 수 없는 것이 아닌가.

부처님전에 올리는 공양에 육법공양이 있다.

향, 등, 꽃, 과일, 차, 음식이다. 이 중에 꽃을 성전에 올리는 것은 꽃은 핀 다음에 반드시 열매를 맺기 때문에 그 열매를 위해 힘 즉 정진에 비교한 것이다. 깨달음을 열매로 비유한다면 꽃은 깨달음을 얻기 위한 정진이다. 그래서 불교에 있어서 꽃은 만행화(萬行花)라고 표현한다. 깨달음으로 가기 위해 만 가지 실행으로 행복과 기쁨을 성취한다는 것이다. 열매를 맺기 전 먼저 피는 꽃을 본받아야 하기 때문에 그 염원을 가지고 불전에 꽃을 공양 올린다는 것이다. 단순히 내생에 잘 생기고 예뻔 얼굴로 태어나게 해달라는 염원보다 깨달음을 얻기 위해 정진의 힘을 가속화하여 활짝 핀 꽃처럼 정진하게 해달라는 염원으로 공양을 해야 할 것이다.

4월이면 유난히 꽃 색깔이 더 청초해 보인다. 4월의 태양이 솟아오르면 밤 사이 싱그러운 잎과 꽃 사이 맺혔던 이슬방울은 더욱 더 영롱하게 피어오르기 때문에 이것도 하나의 꽃이 된다. 인위적으로 비닐하우스에 관상용으로 재배되는 꽃보다 온 산과 들에 마구 피어나며 옹기종기 흙과 바람과 비와 어우러져 하나인 듯 그 자태를 뽐내는 모습은 어찌 마음을 들뜨게 하지 않겠는가.

봄에는 대부분 사람들이 겨울의 움츠린 가슴을 털기 위해 밖으로 나와 산으로 들로 꽃 보러 다닌다. 흔히들 봄바람이 났는 것이 아닌가 한다. 봄바람은 단순히 바람이 아니다. 바람은 기압의 변화로 일어나는 대기의 흐름을 말하는가 하면 또 하나의 바람은 어떤 대상에 마음이 끌리어 들뜬 상태를 말한다. 봄바람은 이 두 가지도 아닌 봄 맛이다.

꽃이 피고 대지가 운동을 하기 시작하는데 가만히 있는 것은 자연에 대한 예의가 아니다. 그 섭리에 따라 마중하는 것뿐이다.

봄에는 가을 열매를 맺기 위한 꽃은 죄다 피워 준다.

열매는 최종적인 깨달음이다. 그 깨달음, 보리를 얻기 위해 우리는 봄에 피는 꽃과 함께 정진의 힘을 내어야 할 것이다.

갈아엎은 땅 속에서 새로운 싹들이 솟아오르는 것처럼 우리

내면에 잠자고 있는 힘들을 깨워 일으켜서 원하는 열매를 만들
어 보기 위해 봄은 우리 곁에 반드시 와야 한다.

「불교시대」

백날을 두고 피는 꽃

'심한 겨울 가뭄 때문에 새싹들이 그 움을 틔우는데 별 지장
이 없을까. 꽃다운 꽃을 바라다보는 데도 만족도를 줄까, 적당
한 수분이 있어야만 꽃 색깔도 예쁜데' 하는 생각들이 나무들을
바라볼 때마다 안쓰럽게 일어나곤 한다.

그런데 요즈음 다행히도 간간이 소리 없는 비가 내려 주어서
움트고 꽃을 피우는 데 많은 도움이 될 것 같다. 이 비가 지나
고 나면 뒤 뜨락에 심어두고 꽃을 보지 못한 개나리도 화들짝
피겠지. 뜨락 잔디도 몰라보게 자랄 것이다.

뜨락에는 아직 자리잡지 못한 여리고 어린 묘목들만 서 있어
뜨락은 늘 썰렁하고 삭막하기 그지없다. 자리잡힌 나무 한 그
루 사다 심는 작업이 그리 만만치는 않다. 나무를 키워 그것을
업으로 하는 사람에게는 미안한 일이지만 부르는 것이 값이지
일정한 값이 정해 있지 않아서 더 부담스러운지도 모른다. 괜
찮은 정원수가 심어져 있는 곳이 보이면 길가다가도 내려서 흥
정도 해보곤 했지만 그 때마다 아무런 결정도 내리지 못하고

뒤돌아 오곤 했다.

　작년 여름이었다. 나무에 대한 생각들을 떨쳐버리지 못하고 있을 때 신도 중 한 분이 좋은 곳을 소개하여 가보았다. 시아버님이 정년퇴직을 하고 취미삼아 나무를 키우며 사신다고 하길래 부담없이 안면도까지 찾아가는 분주를 떨었는데 그 때 점찍어 두고 왔던 나무들을 이번 봄에 적당한 값을 치루고 내 식구로 만들었다. 안면도에서만 자생하는 모감주나무를 두 그루 선물로 주셔서 더 없이 좋았고 늘 심고 싶었던 목백일홍 나무를 심을 수 있어 뜨락은 보는 것만으로도 풍성해진 것 같다.

　가까운 개심사에는 여느 사찰에서 보기 힘든 백일홍 나무의 자태가 아름다울 뿐 아니라 여름에는 연못의 주변을 향하여 꽃을 아름드리 피우는데 맑은 날 연못에 비치는 그 꽃은 마치 땅의 별 같기만 하다. 이 목백일홍이 꽃을 피울 때쯤이면 나는 꼭 찾아가서 연못에 빠질 듯 솟아오르는 그 아름다운 자태를 보고 와서 내 뜨락에도 한 그루쯤 있었음 하는 소유욕을 느끼기도 했는데 이번에 세 그루나 심을 수 있는 인연이 왔으니 동안 백일홍에 대한 나의 연민이 이루어진 셈이다.

　옛사람들은 화목의 품제를 9등으로 나누어 가까이 옮겨 심고 완상했다고 하는데, 그 1등품은 높은 풍치와 뛰어난 운치를 취했으니 매화, 국화, 연, 대나무라고 했다. 2등품은 부와 귀함(모란, 작약, 왜홍, 해류, 파초). 3, 4등품은 운치(치자, 동백, 사계, 만년송, 화리, 소철, 서향화, 포도, 귤). 5, 6등품은 번화함(석류, 봉숭아, 해당, 장미, 수양, 두견, 살구, 백일홍, 감, 오동). 7, 8, 9등품은 각각 그 장점을 취했다고 했다.(목근, 석죽, 옥잡화, 봉선화, 해바라기, 금전화, 화양목)

화목의 품제를 나누었을 때 일등품도 아닌 6등품에나 드는 백일홍이지만 개심사 백일홍을 두고 그 품격을 내게 논하라고 한다면 반드시 일등품으로 1등급을 주고 싶다.

백일홍에는 두 가지가 있다.

목백일홍 즉 자미화가 있고 풀 백일홍이 있다.

목백일홍은 몸뚱이가 매끄럽고 윤기가 흐르며 자줏빛이고 주름진 꽃잎이 예쁜 꽃받침에 바짝 들러붙어 있어 붉은 줄기와 잎이 맞대어 피는 것이 특징이다. 4~5월에 꽃이 피어 피고 지는 것이 잇달아 6~7월까지 피기 때문에 이 꽃을 우린 백날을 두고 피는 꽃이라고 한다.

또 이 나무의 특징은 손을 나무에 대기만 하여도 전신이 흔들흔들 움직이는데 이런 현상 때문에 간지럼 나무라고 하기도 한다. 서울 경기 지방보다는 경상도 쪽으로 가면 흔히 이 나무를 볼 수 있는데 위 지방일수록 보기가 힘들다. 꽤 키우기 힘든 나무라고도 하고 좀 자리잡힌 모양을 갖춘 것은 가격도 다른 나무에 비해 고가인지라 서민들이 쉽게 구해 심을 수 있는 그런 나무는 아닌듯싶다.

안면도에는 그 귀한 나무들을 가로수로 심어 두어서 여름 피서객들에게 또다른 분위기와 정서를 주는 것 같아 안면도 도민들의 앞선 안목을 높이 평가할 만하다. 이번에 안면도에서 내 뜨락으로 옮겨져 내 분위기와 정서를 맞추어 갈 백일홍은 그다지 어린 묘목은 아니지만 개심사에서 느낄 수 있는 그런 자태와 모양을 갖추자면 아마 내가 살아 있는 동안은 불가능한 나이일 것이다.

나무도 나이를 먹고 또 다듬고 정성을 쏟아야만 의젓해진 자태를 느낄 수 있으므로 욕심은 내지 않는다. 그저 내 뜨락에도 백일홍이 있다는 사실만으로도 만족해가면서 늘 바라다 볼 것이다.

우리가 꽃과 나무를 심고 재배하고 완상하는 일은 오직 마음과 뜻을 닦고 덕성을 쌓자는 데서 오는 것일 게다. 푸른 나무가 싫고 꽃이 싫은 사람은 아무도 없을 게다. 사람도 내게 좋은 사람 나쁜 사람을 분별지어 선택하듯이 꽃도 그 운치와 격조, 절조를 따지면서 뜨락 안쪽에는 바로 그런 운치와 격조가 있는 꽃을 심고 그렇지 않은 것은 담장 밑에나 심어둔다.

우리는 정말 힘든 세상에서 살고 있다.

이 모두가 우리 스스로가 만들어 놓은 결과이지만 꽃을 완상하고 나무를 바라보는 마음으로 각자의 덕성을 쌓아간다면 정말 힘든 세상이 아니라 정말 좋은 세상이라고 봄하늘을 우러러보면서 환호할 것이다.

「불교세계」

못다 핀 꽃 한송이

몇 권의 책들을 깊숙이 넣고 사는 곳을 떠나 보았다.

그간의 무거운 생활과 생각들을 비우는 작업에서 좀더 맑은 영혼을 부를 수 있을까 하는 마음에서 긴 여행을 했었다. 떠나고 돌아옴에 별 감정의 동요 없이 내 자리에 돌아와 일상을 꾸려가고 있다. 자리 비운 것을 시샘이라도 한 듯 뜨락 잔디는 무성히 자랐고 그 틈틈이 잡초의 키는 몰라보게 자라서 주위가 어수선하게 보였다. 어수선한 주위라도 내 손길을 기다리는 숨소리들 곁에 돌아올 수 있다는 것이 얼마나 고마운지 모른다.

늘 길을 떠남에 핑계로 내세우는 것이 있다면 재충전이 필요해서 떠난다고 한다. 무력감에 빠진 일상들이 때론 떠나 돌아옴으로써 약간의 기분전환이라도 생활엔 도움이 되기 때문에 가끔은 필요한 요소들이다.

여행지에서 돌아와 한 아름 여름감기와 씨름을 하고 있는데 또 장거리 나서는 일이 생겨서 조금은 귀찮아하면서 황급히 다녀왔다.

어릴 때 각별한 인연이 있었던 한 친구의 간절한 부탁을 거절할 수가 없었을 뿐 아니라 거절할 요인이 아니기 때문에 내 피곤 따위의 변명이 사치일 것 같아서 말이다.

사연인즉 7살짜리 외아들이 여름캠프에서 약간의 사고가 있어 병원으로 왔는데 의사의 오진으로 주사를 맞고 보름째 의식 불명으로 일어나지 않고 있는 실정인데 스님이 내려오셔서 기도를 좀 해주신다면 혹 깨어날 가능성이 있을지도 모른다는 것이다. 그 이유는 하도 답답하고 힘들어 어느 역학인을 찾아갔는데 그 역학인이 말하길 친구 중 스님이 된 분이 있는데 그 스님의 기(氣)가 이 아이에게 전해진다면 혹 살 가능성이 있다고 했다고 한다. 그래서 수소문하여 염치불구하고 부탁을 한다는 것이다.

지푸라기라도 잡고 싶은 그의 심정을 헤아려 보면서 그 역학인의 말을 믿고 싶어하는 그의 생각을 바꾸고 싶지는 않았다. 스스로 그것이 아니라는 것을 느껴주길 바라는 마음에서 나는 그 부탁에 따라 아이를 보기 위해 병원으로 갔었다. 평소에 연락 없이 사는지라 어디서 무얼하면서 지내는지 모를 뿐 아니라 이 아이 모습도 이름도 처음 보고 듣는 것이다. 아이를 보았을 때 이미 회생 불가능의 판정이 난 상태였을 뿐 아니라 혹 살아도 정상인이 되기는 힘든 모습이었다. 더 이상의 미련을 갖지 말고 새 몸을 받도록 조용히 보내주는 것이 현명하다는 이야기밖에 난 할 수 없었다.

산소 호흡기를 꽂고 힘들게 호흡하고 있는 그 아이의 모습은 누굴 원망하거나 미워하는 표정이 아닌 아주 편안한 모습으로 잠들어 있었다.

그 부모들은 단순한 의사의 실수로 이 아이가 이렇게 되었다고 그냥 보낼 수 없다는 애통한 감정에 중환자실에 아이를 눕혀 놓고 깨어나길 바라고 있을 뿐 아니라 병원 상대로 소송을 내겠다고 소송준비를 하고 있었다. 의사 쪽에서 온당한 처방을 했을 뿐인데 하는 구태연한 행동을 보여줌으로써 더 분하고 애통해 하였다. 그 아이의 운명이 그것밖에 되지 않는데 소송을 하고 이겨 본들 아이가 대신 소생되는 것도 아닌 데 말이다. 조용히 아이를 떠나 보내는 마음 준비를 해야 하는데 그리고 만약 의료사고라면 반드시 그 의사는 과보를 받게 될 것인데 말이다.

나는 완강하게 버티는 그 아이 부모들에게 얼마만큼 영향을 주었는지는 모르지만 그 아이 아빠가 내민 명함 한 장을 받고 놀라지 않을 수 없었다. 그 아이 아버지는 동물을 가공하여 판매하는 일종의 보신탕 집을 경영하고 있었다. 먹고 살기 위해 수많은 생명들을 살생한 과보임이 틀림없다는 생각이 들었다. 자기 손으로 죽기 싫어하는 그 짐승을 가공했을 때 그 생명체의 아픈 고통들을 이 아이가 대신 받고 가는 것이 아닌가 하는 생각이 머리에서 떨쳐지지 않는다. 천주교 신자라고 하는 그는 그 아이가 부모의 가슴에 못을 박고 떠나는 고통만 아파할 뿐

이지 자기 손으로 수없이 살생한 그 인과는 인식하지 못하고
있었다.

조선 광조 때 일이다.

사냥꾼이 사냥을 나갔다가 마침 배가 불룩한 원숭이 한 마리
가 눈에 띄어 쏘려고 하니 원숭이는 한 발을 들고 쏘지 말라는
표시를 했는데도 사냥꾼은 놓치고 싶지 않아서 활을 쏘고 말았
다. 집에 돌아와 가죽을 벗기고 배를 갈라 보니 새끼 다섯 마리
가 들어 있었다. 그런 일이 있은 얼마 후 아내가 임신이 되어
분만을 했는데 다섯 쌍둥이를 낳았다. 그 아이 모두가 반은 사
람이고 반은 원숭이 모양을 하고 있었고 또 말을 못하는 벙어
리였다.

또한 형편이 어려워 두 형제는 서커스에 팔려가 뭇 사람들의
구경거리가 되는 신세가 되었다. 그때서야 그는 아무리 말 못
하는 짐승이지만 함부로 살생을 해서는 안 되겠다는 것을 깨닫
고 평생을 두고 잘못을 빌며 참회 생활을 하다 보니 팔려갔던
두 형제가 돌아오고 또 다른 아이들은 말을 하기 시작하였고,
원숭이 모습이 차츰차츰 벗겨졌다. 이 부부는 놀라움과 고마움
에 눈물을 흘리며 더 더욱 선한 일을 행하였다. 그 뒤로 일곱
식구가 남을 도우며 아무리 미미한 생물일지라도 생명이 있는
것은 살생하지 않았다고 한다.

꼭 이 인과설을 불교인만 믿으라는 법은 없다. 사람들은 흔히 어떤 일이 닥쳤을 때 이렇게 말한다.

"나는 남을 괴롭히거나 남의 마음을 아프게 한 적이 없는데 왜 이런 일이 있단 말인가. 남에게 사기 치고 악한 사람은 잘 사는데…."

과거 현재 미래는 단절되어 있는 것이 아니고 연계 고리로 이어져 있기 때문에 자기의 전생 행위까지 기억할 수 없는 것이다.

현세의 이 고통은 전생에 지어 놓은 필연적인 원인에 따라 이루어진 결과이다. 원인 없는 결과는 없기 때문에 원인을 만들지 말아야 한다.

사과를 먹기 원하는 사람은 사과나무를 심어야 하고 행복해지고 싶은 사람은 행복을 누릴 수 있는 선근의 인(因)을 심어야 한다.

그 선근의 인(因) 없이 어찌 행복을 바라겠는가.

싸늘해져 가는 아이의 주검을 바라보면서 내가 할 수 있는 일은 부디 내생에는 이런 업보를 받지 않는 삶으로 태어나 이생에 피우지 못한 꽃을 활짝 피우길 빌 뿐이며 이 아이의 죽음으로 인하여 그 부모가 살생하지 않는 업종으로 살아가길 두 손 모아 빈다.

「불교세계 95年 8月」

다시 개심사를 찾던 날

해가 바뀌고 바뀐 해의 아침도 그렇게 열렸다.

어떤 변화된 모습도 아닌 바뀜의 자리를 나누어 갖는 기분으로 말이다. 달력의 첫 장을 열 때 불쑥 다가서는 시간의 의미, 이것을 어떤 변화의 모습도 아니라고 할 수는 없지만 아무튼 내 마음은 어제와 작년과의 별 차이 없이 시작이 되고 있다.

가끔 가끔 찾아드는 연하장을 볼 때 일어나는 시간의 의미도 이젠 차츰 여유로 덮어 둘 만큼 해를 넘기고 맞이하는데 담담해졌다고나 할까. 해를 보내고 맞이하는 길목에 나는 며칠 동안 영상매체의 꼭두각시 역할로 시간을 보낸 적이 있다.

여기에 연연해 매달렸다고 하기보다는 우리네 집안 일이니 순순히 협조했다고 하는 것이 걸맞는 표현이 되겠다. 불교 TV, 조상호 PD가 자료실에서 우연히 나의 시집 '달을 보는 섬'을 읽고 신년도 특별 리포터 '산중 영상편지'에 나를 등장시키기 위해 어렵게 어렵게 내 연락처를 얻어 연락을 하는 것이니 거절하지 마시고 협조해달라는 부탁을 받고 나는 거절할 수가 없었다.

영상포교의 현장을 만들어 주는 것도 대작불사에 동참하는 일이라 생각되어졌기 때문이다. 물론 나보다 훨씬 더 열심히 정진하고 포교하면서 수행하는 스님들도 있겠지만 그 중에 선택의 가치가 있다는 것도 바로 부처님 뜻이라 생각하고 또한 일선에서 홀로 섬이 결코 외롭지 않다는 것을 보여주고 싶었다.

불교 TV는 영상법당이며 사부대중 모두의 것이다. 나의 조그만한 평계가 전체의 흐름에 티가 될 수 있다는 생각에 그들 일행들이 원하는 동작, 일하는 데 불편함이 없도록 동참을 아끼지 않았다. 그들은 나와 같은 길을 걷는 포교사들이다. 불철주야 불교를 위해서 뛰고 있다. 그들이 일선에서 영상포교사의 역할을 해내어 주지 않는다면 타종교에 비해 40년이나 뒤진 음성포교(라디오)조차 스님들은 해낼 수가 없다. 고맙게 느껴야 하고 묵묵히 힘이 되어 주어야만 그들은 좋은 작품을 만들어 세계 곳곳에 불음을 전파하는 데 그 힘을 다 할 것이다. 이렇게 힘들게 일하고 있는 포교사가 있는가 하면 나만 수행하면 최고라는 자기 아집에 사로 잡혀 전체의 불교가 어떻게 되든 상관하지 않겠다는 스님도 있으니 같은 승복을 입은 나로서는 그들에게 몹시도 부끄럽게 느껴진다.

일전 갓 불교에 입문한 불자 내외분과 함께 개심사에 다녀오면서 법당에 들어가서 절하지 않는 처사님의 모습을 소재로 '일심정례'라는 수필을 발표한 적이 있다. 그 내용이 신년 메시지로 적합하니 그대로 재현해달라는 방송측의 요청에 그 내외 분께 부탁을 드려 개심사로 함께 동행했다.

그날 따라 날씨는 몹시도 추웠고 비바람 산바람까지 겹쳤다. 개심사에 도착하여 주지스님께 양해를 구하기 위해 이 방 저 방을 기웃거려 보았지만 아무도 안 계시는 듯해서 계획대로 촬영에 임하려고 하는데 어디 출타했다 돌아온 듯한 스님 한 분이 심한 언설로 촬영을 못하게 하는 것이었다. 내가 공손히 가서 자초지종을 말씀드렸지만 한 컷도 개심사를 배경으로 해서 찍어서는 안 된다는 것이다. 여기 저기서 여행 가이드 목적으로 개심사가 선전물이 되어 산중에서 수행이 안 되는 도량이 되었으니 불교 방송뿐 아니라 문화공보부에서 와서 찍는다고 하여도 안 된다고 일언지하에 거절 했다.

다른 방송도 아닌 우리들이 그리도 갈망했고 우리들이 키워 나가야 하는 대작불사이고 이것은 선전물이 아닌 영상포교의 일이고 설사 우리네 집안에서 선전물이 되었다면 이를 보는 불자들의 신심을 견고하게 해주는 역할이 되지 않겠느냐는 내 말에 들은 척도 하지 않는 자세, 찍어보겠다는 나의 의견과 찍을 수 없다는 그 스님의 의견이 한동안 일행들을 한가운데 두고 옥신각신했지만 결국 우선권을 가지고 있는 측이 그 스님 쪽이 므로 우리는 그냥 비를 맞으면서 돌아올 수밖에 없었다.

스님 같은 스님이 우리 곁에 알게 모르게 버티고 있기 때문에 일선에서 힘들게 일한들 무슨 큰 효과가 있겠으며 포교사업은 늘 제자리 걸음할 수밖에 없다는 나의 말을 귀담아 들었는지는 모르겠지만 가끔 가끔 찾아가서 참배해 왔던 개심사에 대한 맑은 이미지가 그 스님으로 인해 구겨진 것 같아 몹시도 불쾌했다. 아무런 생각 없이 승복의 핑계로 뱉어 버리는 말투, 걸림이 없는 행동. 특히 비구스님들한테서 많이 느끼는 것이지만 행자생활을 벗어나 수계만 받으면 금방 큰스님이라도 된 듯 상당히 권위적인 행동으로 살아 가려고 한다.

수행이 익고 모든 것을 포용할 수 있는 그릇, 비워진 수행자라면 그다지 소리내지 않고도 정진할 수 있을 것이다. 사람이 많아 찾아오고 시끄럽고 외부 경계 하나 물리칠 만한 정진의 힘이 없다면 그곳을 떠나 사람의 발걸음이 닿지 않는 곳으로 가면 된다. 그 떠남 자체도 자유롭지 못한 수행자가 불자들이 참배하고 찾아가는 것을 막는다면 개심사라는 울타리를 핑계 삼아 무위도식하는 것과 무엇이 다르겠는가.

절은 스님 개인의 것이 아니다. 사부대중 모두의 것이다. 사부대중 모두의 힘이 모아졌을 때 어떤 불사든 이뤄지는 것이다. 사부대중이 없다면 절은 존재의 가치조차 없을 뿐 아니라 있는 절도 폐허로 우리들 곁에 남을 것이다.

몰상식한 참배객들 때문에 입은 피해망상으로 거부했을 거라고 합리화하며 그 스님의 행동을 이해하려고 했지만 그 언어, 그 행동이 오랫동안 머리에서 사라지지 않았다. 다시 개심사를 찾던 그날 아무튼 내 기분은 씁쓰레했다. 그 씁쓰레하는

기분을 위로라도 하는 듯 불자 내외분은 먼길에서 온 손님들에
게 저녁공양을 융숭하게 대접하는 모습. 그날 개심사 스님이
보여준 언어의 화살보다 훨씬 더 훌륭해 보였다.

「불교세계 95年 2月」

스님 신수 좀 봐주이소

어제 오후였다.

경주 나들이 길에서 얻어 온 진한 홍차를 마시면서 곤두박질치는 바깥 날씨를 유리창 너머로 간간이 보고 있는데 전화벨 소리가 길게 울렸다.

받아 보았다.

시내에 사는 OOO인데 찾아 뵙지 못하고 전화로 말씀을 드린다고 했다. 자기는 시내에서 연예 정보지를 취급하고 있고 앞으로 이곳 지방 신문사를 개설할 계획이라고 했다. 그러니 그 신문 한 귀퉁이에 그 주 운세를 싣고 싶은데 스님께서 그것을 해줄 수 있느냐는 내용이다. 물론 나는 더 들을 필요도 없이 그런 일이라면 역학인이나 점술인을 찾아가서 부탁하라고 했다. 신문 개설 축하 메시지는 정식으로 청탁한다면 이 지역의 한 사람으로 써주겠노라고 했다. 사실은 그것마저 거절하고 싶었지만 그의 부인이 이곳에 한두어 번 온 인연 때문에 그리 대답했다.

　스님이란 호칭과 개념조차 파악하지 못하고 있는 사람과 더 이상 이야기도 하고 싶지 않을 뿐 아니라 아직도 주위에 이런 사람들이 있다는 것에 모처럼 마신 홍차 맛이 아주 씁쓰레하게 느껴졌다.

　'스님'이라면 아직도 사주관상이나 운세 따위로 연결시키고 그것을 모른다면 스님이 그런 것도 모르냐는 반문도 더러는 한다. 물론 이해는 한다. 왜냐하면 ○○암이라는 사찰 이름을 빌려 스님 행세를 하고 도인 행세를 하면서 사주 관상이나 봐주면서 생계를 유지하는 사람이 있기 때문이다. 그런 것을 좋아하는 사람들에게 부처님의 가르침이 제대로 받아들여지겠는가. 좀 아는 소리를 하는 절에는 스님의 사상이 어떠하든 몰려들어 자기의 의지와는 상관없이 귀기울인다. 대부분의 사람들이 불교와 접하는 기회가 적기 때문이다.

　오래 전부터 물들여져 온 선입감. 즉 불교는 기복이고 미신이고 우상숭배라고 착각들 하기 때문이다. 교회는 그의 생활이 연결된다 싶어 일주일에 반은 교회에 나가는 것으로 알고 있다. 거기서 신앙심을 기르고 교리를 배우고 생활화하려고 하는데 거기에 비해 절은 한 달에 두어 차례로 그치는 것이 대부분이다. 자주 참석하여 무언가 얻어 내것으로 만들려고 하는 것이 아니고 가도 그만, 안 가도 그만 내가 가고 싶을 때 한 번씩 가는 곳이 절이라고 생각하기 때문이다.

　또 어떤 절에서는 스님이 절에 오지 않는 신도 집에 전화를 해서 오늘은 무엇을 조심하고 챙기라고까지 한다는데 우리 절 스님은 그렇지 않다는 불평을 하는 불자도 보았다. 얼마나 어리석은 불평인가. 물론 신도 관리의 방편으로 세심하게 관심을 갖고 있다는 표현도 좋지만 그것이 지나치면 의타심만 길러주는 꼴이 되고 만다. 자기 인생은 자기가 만들고 가꾸어 나가는 것뿐 아니라 그런 것에 의존하기보다는 자기 암시가 가장 중요한 것이다.

삶에 자신이 없는 사람일수록 그런 것에 의존해서 해결책을 강구하려고 한다. 아무리 좋은 사주와 운세를 가졌더라도 노력하지 않는다면 얻을 수 없을 뿐 아니라 나쁜 사주와 운세라도 간절하고 뼈아픈 노력을 했다면 원하는 것을 얻을 수 있을 것이다. 가끔은 사람들이 찾아와서 사주팔자를 봐 달라고 한다. 명리학과 역학을 좀 공부해 둔 덕분으로 방편상 때론 써보기도 한다. 또 이런 것을 묻고 질문하는 사람들에게 내가 공통으로 하는 말이 있다.

"사주관상을 보기 전에 욕심을 버리고 부처님 전에 열심히 기도를 해 보십시오. 그러면 당신이 원하는 것이 보일 것이오. 그럴 자신이 없다면 가보라"고 한다. 사람들은 좀 속시원하고 꿰뚫어 보는 소리를 듣고 싶어 오는데 엉뚱한 말에 되돌아 간다. 그리고 이 무당집 저 무당집 역술인을 찾아다니다가 뾰족한 일이 일어나지 않으니까 그때야 찾아와서 스님 이야기가 옳았다는 말을 하면서 참불자로 입문하는 사례도 있다. 누구나

다 보이지 않는 미래에 대하여 궁금하기도 하고 불안하기도 하다. 미래도 결국은 자기가 만들어 가는 것이다.

불교에서 말하는 삼세인과, 인과응보의 도리가 바로 자기가 만들고 받는 것이다. 현재에 살고 있는 것을 보면 과거도 미래도 알 수 있다고 한다. 인과는 시간적 경과 가운데 원인적 경과로 나타난다. 구체적으로 어떤 결과가 나타날 때 비로소 그 결과에 대한 원인 조건 작용이 되기 때문에 내가 만들고 내가 받게 되는 것이다.

가령 우리가 종자를 뿌렸을 때 그 종자가 발아를 하지 못해 싹을 내지 못했다면 종자 그 자체로 남아 있게 된다. 이것은 선한 인을 뿌렸는데 선으로 결과를 만들지 못했고 나쁜 인을 뿌렸는데 나쁜 결과를 거두지 못했다는 것이다.

다행히도 좋은 과를 얻을 수가 있다. 그것은 바로 노력이다. 그 노력은 자신이 반드시 해야 한다. 나쁜 인(因)을 많이 심어 둔 전생이라도 현세에서 갈고 닦으면 오히려 좋은 과(果)로 만들 수가 있다. 즉 불교적인 입장에서 본다면 인과가 있을 뿐이지 운명은 없다는 것이다. 이런 것을 철저히 믿고 실행한다면 미래에 대한 공포나 불안은 없을 것이다. 우리는 원하는 것을 얻기 위해서는 반드시 그것에 대한 '뿌림'(베풂)이 있어야 한다.

우리가 베풂에 있어 순수한 마음으로 하고 바라지 않았다면 좋은 결과는 자연히 따라오게 되어 있다. 남을 도울 때 대가가 있었다면 그것은 장삿속이지 베풂은 아니다.

나도 요 며칠 동안 대가의 바람 때문에 서운한 적이 있었다. 측근에 있던 신도 한 사람이 어느 날 갑자기 굳은 표정과 뜸한 기도 생활을 하길래 왜 저럴까 하고 내심으로 궁금했는데 들리는 소리에 귀기울여 보니 스님이 자기에게 서운하게 했다고 그렇게 할 수 있느냐는 것이다. 구태여 불러서 무슨 이유냐고 물어보지 않았다. '대가의 바람이 마음 속 깊이 깔려 있었기 때문에 그 서운함이 싹틀 수 있겠지' 하는 생각에 '그래 불자라면서 다른 사람보다 더 신심이 있다고 하는 사람 입에서 그런 소리가 나올 수 있을까. 그렇게 하면 안 되지' 하는 서운함이 한동안 자리잡고 있었던 것은 사실이지만 오래 마음에 두지 않고 쉽게 털어 버렸다.

불자가 자기가 신앙하는 성직자의 말을 듣지 않는 것은 부처님의 법을 믿지 않겠다는 결론이다. 몇 년 동안 이런 불자 저런 불자들을 접하고 보니 내 감정도 이제는 무디어져 간다. 생각하는 만큼이라도 따르겠다는 의지보다 그저 자기 감정을 앞세워 서로 잘났다고 아우성을 치니 잘못 인도한 것이 아닌가 하는 허탈감이 새로운 불자가 생길수록 더 생긴다. 이것도 내가 잘못 뿌린 결과라고 믿는다.

이제 우리 불자들도 생각이 좀 구태의연한 것에서 벗어 나야 하고 의지적으로 종교 생활을 해야 한다. "스님 신수 좀 봐 주세요"라고 할 것이 아니라 기도를 어떻게 해야 하며 어떻게 하면 업장소멸을 할 수 있느냐고 물어와야 할 것이다.

깊은 추위가 바람과 함께 몇 번이나 창가로 달려와서 곤두박
질 친다. 추위를 한바탕 과시하고 난 후 따뜻한 기운들이 몰려
오면 어느새 물러가겠지만 그래도 겨울은 추워야 하고 코끝이
시린 공기가 좋다.

눈이라도 많이 와서 겨울 가뭄을 덜어주었음 한다.

「불교세계 96年 3月」

나무 방생

얼마 전 모대학에서 부쳐오는 신문 광고란에서 꽃씨 및 나무 방생 법회를 소쩍새 마을로 간다는 글귀를 본 적이 있다.

꽃씨를 뿌리고 나무를 심는다는 표현보다 훨씬 더 정감 있고 또 봄날에 꽉 들어맞는 듯한 살아있는 느낌으로 신문을 환하게 해주는 것 같아 보는 눈이 풋나물처럼 상큼했다.

방생은 고통을 받거나 죽게 된 처지에 있는 생명을 자신의 힘으로 구제하여 생명을 연장하여 주고 자유로운 생을 살도록 해주는 것이다.

방생은 한자로는 방생(傍生)이라고 쓸 때는 넓적한 생류(生類)라 하여 물고기를 뜻하고 방생(放生)이라고 쓸 때는 생명을 자유롭게 놓아주는 적극적인 행위를 말한다. 방생은 미물이나 동물 즉 살아있는 생명들에게만 국한되어 있는 것이 아니라 여러 가지 현대적 의미로 말할 수 있다.

인간학적으로는 인권보장, 깨끗한 정치, 효도사상, 친절 신용, 상하질서 등을 들 수가 있고 사회복지학적으로는 이웃 돕기,

영아 고아 구제, 의료제도 보장, 노후복지, 빈부격차 줄이는 것 등 자연학적으로는 매연, 공해방지, 생태계 질서, 산림녹화, 어류, 수렵 마구잡이 금지, 식수 보존 등으로 말할 수가 있다.

이 모든 것들이 우리 일상생활과 밀접한 관계에 놓여 있는데도 아무런 의식 없이 그냥 지나쳐 버릴 때가 있다. 하나하나 매듭이 풀어져서 그것이 현 생활에 도움이 된다면 진정한 방생이 된다. 단체이거나 개인이거나 이러한 문제를 해결하자는 가장 큰 복의 땅(福田)에다 심는 방생이 될 것이다.

요즈음 장날 시장에 나가 보면 즐비하게 진열된 색색 물감으로 만들어 놓은 듯한 생생한 봄빛들이 거리에 꽉 차 있는 느낌을 가질 수가 있다. 다가가서 이름을 묻지 않으면 알 수 없는 꽃들이지만 만나고 나면 한껏 맑아지는 마음은 그곳을 지나는 사람 누구나 다 갖게 된다. 만약 그러한 마음을 갖지 못한다면 봄을 거부하는 사람임이 분명할 것이다. 봄꽃뿐만 아니라 나무 묘목도 저마다 이름표를 달고 나와 있다.

"나 좀 가져가서 편안한 곳에 자리잡게 해 주시오." 하고 버티고 있는 모습, 지나다 곁눈질하여도 볼 수 있는 봄날의 풍경들이다.

우리는 하루의 즐거움을 위해 아침에 즐거운 설계를 한다. 또 한 세대 후의 재목을 얻으려면 산에다 나무를 심는다.

사람의 수명은 백년의 한계로 본다면 나무는 사람 수명의 몇 백 배나 더 산다. 그래서 그 사람의 음덕을 기리고자 하는 행사에 가보면 '식수' 하는 풍경들을 볼 수가 있어 그 뜻을 짐작할 수가 있다. 사람은 죽으면 아무 것도 할 수가 없지만 나무는 우리 곁에 그 사람의 덕으로 살아서 숨쉬며 후일 큰 재목으로도 그 몫을 다 한다.

'식수' 하는 나무 밑에 어느 날 누가 심었다는 기록이 있어 후일 사람들이 본다면 그 나무는 심은 사람의 뜻으로 베풀어진다.

세원사 도량에도 어린 묘목들이 숨쉬고 있다. 때론 나무 시장에서 그냥 지나칠 수 없어 몇 그루 사들고 온 것도 있지만 휑하니 비어 있는 공간에 후일을 위하여 손수 심어 주고 간 불자님들의 정성이 있어 그 나무 곁을 지날 때마다 나무처럼 건강하게 살기를 축원한다. 후일 많은 시간이 흘러 이 어린 묘목들이 자라서 도량을 에워싸고 신선한 공기로 다가올 것을 생각하니 어린 묘목이지만 보기만 하여도 흐뭇하다.

따뜻한 봄빛이 눈을 감기게 할 때 툭툭 털고 일어나 아주 작은 묘목 한 그루 구해 뜨락에 심어 둔다면 정말 뿌리 깊은 방생이 될 것이다.

「보령신문 96年 4月」

하루 일하지 않으면 하루 먹지 않는다

종교인들은 다른 사람들에 비해 베푸는 쪽에 있으며 어떤 부탁이든 잘 거절하지 않을 뿐더러 조금은 순수하다고나 할까, 아니면 세상물정을 잘 모른다고나 할까. 이런 점들을 역이용하는 무리들이 있어 간혹 마음을 허탈하게 할 때가 있다.

오늘도 그랬다.

웬 낯선 남자분이 전화로 내게 반강제적인 부탁을 요청해 왔다. 자기는 서울에 사는 불자인데, 이곳에 내려와 버스와 접촉 사고가 일어나 수중에 있는 돈 모두를 보상으로 지급하고 나니 서울 올라갈 기름 값이 없어 그러니 얼마의 돈을 빌려달라는 것이다. 전화 번호부 보고 7군데 사찰에 전화를 했는데 모두 거절을 하니 스님께서 자비를 베풀어 달라는 것이다.

순간 거절하고 싶은 생각이 더 많았다. 왜냐하면 요즈음엔 옛날 같지 않아서 카드 한 장만 있으면 어느 은행이든 돈을 인출하여 쓸 수 있기 때문에 구태여 여기까지 전화하여 구차한 변명할 필요가 없다. 사연이 있겠지 그래 또 속아 주자 오죽하면 전화부탁을 하겠는가.

정말 접촉사고가 일어났는지 아닌지 알 필요도 없이 난 시내 나가는 길 적당한 곳으로 나오라고 하여 얼마의 기름 값을 주었다.

그리고 그들 대부분의 사람들은 꼭 부쳐준다는 약속을 철저하게 하지만 난 그것을 믿지 않는다. 왜냐하면 나는 그런 종류의 사람들을 많이 거쳐왔고 그들 모두는 그 때뿐이지 돈 잘 이용했다고 부쳐주지 않는다는 것을 잘 알고 있기 때문이다. 만약 거짓을 거짓 그대로 받아 들여 속지 말자 하고 거절을 한다면 그들은 한결같이 말한다. 자비를 베풀라고 말하는 스님이 이런 중생에게 좀 베풀어 줄 수 없다면 스님 될 자격이 없다고 도리어 항의하는 사람들이다.

내가 기억할 수 없던 세계에 살 때 진 빚을 이제사 갚았다고 생각하면 속아 준다는 기분만은 적어도 들지는 않겠지만 지능적인 구걸로 살아가는 그 사람들을 생각한다면 주고도 편치 않은 마음이다. 우리 주위에는 육체적인 장애보다 정신적인 장애가 더 많다.

육체적인 장애자는 타의든 자의든 그 자체 모두를 인정하려고 하지만 정신적 장애자들은 다르다. 눈에 보이지 않게 주위 사람들에게 피해를 주면서 살아간다. 베풂은 꼭 물질만이 아니다. 남에게 피해주지 않고 살아가는 것 그것도 주위 사람들에게 베풂을 주는 것이다. 즉 자기 밥값을 해야 한다는 뜻이다.

생산하지 않고 여기저기 기웃거리며 무위도식하는 사람을 나는 제일 싫어한다. 왜 자기에게 주어진 시간을 죽이면서 허송세월로 보내는지 모르겠다.

남들이 힘들게 노력한 피와 땀을 훔쳐 자기를 살찌게 한다면 그것은 도둑질과 같은 것이다. 우리들의 삶은 무언가 생산적이어야 한다.

제자리에서 열심히 사는 것, 다시는 돌아올 수도 반납도 되지 않는 시간을 잘 활용하면서 살아도 모자라는 생인데 시간을 낭비하면서 한순간 일확천금을 얻으려는 헛된 망념에서 깨어나지 못하는 어리석음. 이런 것이 바로 정신장애이다.'

"하루 일하지 않으면 하루 밥을 먹지 않는다."

어느 선사 스님의 말씀이 절실하게 되새겨지는 오늘 하루였다.

「보령신문 5月」

사람에게 길들여진 짐승의 고기를 먹지 말자

땀을 많이 흘리는 계절이 오면 기운이 체외로 빠져나가는 것을 느끼면서 기운을 차리려고 몸에 좋다는 음식을 일부러 찾아다니면서 먹게 된다.

길 가다가 보면 눈에 띄게 또 하나의 음식의 이름표가 아주 눈에 잘 보이게끔 붙여 놓은 것을 보고 음식도 여름을 맞이 하는 구나 하는 생각을 갖게 한다.

삼복더위에는 너나 할 것 없이 보신탕을 즐겨먹는다.

사회생활에서 직장동료나 상사와 함께 어울려 한번쯤 먹어 본 경험이 있거나 유혹을 받아 본 경험이 있는 불자들이 간혹 내게 이런 질문을 한다.

"불교에서 왜 보신탕을 못 먹게 합니까?"

어쩔 수 없이 상사의 권유로 먹기는 했지만 영 마음이 불편하다는 이야기. 나는 불교신자이기 때문에 보신탕은 먹지 않습니다 라는 등의 이야기가 여름만 되면 간간이 들려온다.

나는 세 가지로 요약해서 말할 수 있다.

첫째는 살생을 하지 말라는 뜻이 포함되어 있고,

둘째는 윤회 사상에 입각하여 가까운 인연들이 개로 환생할 경우 결국 그 인연을 길들여 먹게 된다는 것.

셋째는 사람에게 길들여진 짐승이기 때문이다.

보신탕을 먹은 역사는 기원 전 3백년부터라고 한다.

사마천의 『사기』에는 진나라 덕공 2년에 삼복제사를 위해 개고기를 올렸다는 기록이 있고, 조선시대 『열양세시기』에는 복날 개고기를 먹으면 장티푸스를 예방할 수 있다는 기록이 있다. 불교에서 개고기를 먹어서는 안 된다는 근거는 『사분율』에 기록되어 있다.

어떤 비구가 바라나시에 있을 때 걸식하기 힘들어서 백정 집에 갔다. 그곳에서 개고기를 얻어먹었다. 그 뒤로 비구들이 걸식을 다니면 개들이 몰려와 비구들을 향해 짖어대었고 가는 곳마다 쫓아다니면서 덤벼들었다.

비구들이 생각하길, '우리들 중에 개고기를 먹은 사람이 있을 것이다. 그래서 개들이 우리들을 미워하는 것이다.' 라고 생각하고 이 사실을 부처님께 여쭈었더니 부처님께서 말씀하시길 "비구는 개고기를 절대로 먹어서는 안 되고 아울러 죽은 새, 죽은 짐승의 고기나 원숭이 고기를 먹어서는 안 된다." 라고 했다.

이 때부터 불가에서 개고기를 금기 음식으로 전해져 내려왔는데 개는 사람과 자주 만나 길들여진 짐승이므로 이것을 음식으로 만들어 먹어서는 안 된다는 더 깊은 뜻이 내포되어 있는 것이다.

개가 사람으로부터 먹이를 얻어먹고 산 시기가 약 5만년 전
부터라고 고고학자들은 말하고 있다. 개와 인간과의 만남이 오
래인 만큼 개와 사람과의 정도 깊다. 그래서 충견(忠犬), 의견
(義犬), 의구(義狗)의 이야기도 있다.

의로운 개가 주인의 목숨을 구하고 죽었다는 이야기며 주인
의 원수를 찾아 물어 죽이고 저도 죽었다는 전설이 개의 충성
심과 의리를 이야기하고 있는 것이다. 개는 주인의 마음을 읽
을 줄 알고 목소리 모습을 기억할 정도로 사람 다음으로 영특
한 동물이다. 왜 이런 말들이 있지 않은가. 못된 사람들을 두고
개만도 못한 인간, 서당에 3년만 있어도 개는 글 읽는 시늉을
낸다는 말 등은, 머리 나쁜 사람을 개의 영특함을 비유해서 하
는 말이다.

불교에서 개고기를 먹지 말라고 하는 것은 개의 이러한 장점
을 살리고 싶은 것도 있겠지만 하찮은 짐승이라도 그의 정과
의리를 배반하지 말아야 한다는 자비 정신을 말하고 있음을 알
아야 한다. 이러한 뜻을 느끼고 생각할 줄 아는 사람이라면 무
조건 몸에 좋으니까 먹겠다는 마음은 일어나지 않을 것이다.

한번쯤 이 음식을 먹을 때 과연 나는 이 식탁 위에 올려진 개
보다 나은 삶을 살아 왔는가. 아니면 개를 환생천도할 만큼 능
력이 있는가. 이것도 저것도 아니면 수저를 들지 말 것이다.

어떤 체면 때문에 먹음으로써 불편한 마음이 오래 간다면 다

들 보약이라 하더라도 진정 내게는 아무런 효험이 일어나지 않을 것이다.

심한 더위 때문에 얼마의 개들이 또 수난을 당할는지 심히 의심스럽다. 불자든 비불자이든 이 음식을 즐겨먹은 사람이 있다면 수난 당한 개의 고통을 내가 바로 받게 된다는 사실을 기억해두자.

제 명대로 살지 못하고 인간의 먹이로 생을 마쳐야 하는 개의 영가들을 위해 나는 이 글을 쓴다.

「세원법보 3호」

돌아보면 돌아볼수록 그리워지는 곳

이제 산 너머 저쪽에 깊이 자리한 동학사 하면 내 머리 속에 제일 먼저 떠오르는 것은 학장 일연 스님이다.

스님은 선객으로 나는 학인으로 몇 번 스쳐 지나가는 인연에 불과했지만 늘 생각이 떠오르는 사람이고 언제 어디서 만나도 반갑고 넉넉한 인품, 늘 편안히 대할 수 있는 큰언니 같은 분이다.

그런 분이 아주 가까운 곳에 계신다고 생각하니 마음에 많은 의지가 된다. 언제 만나도 정말 마음을 열어놓고 아주 작은 것에서부터 큰 것에 이르기까지 이야기할 수 있는 사람, 누구라도 다가서면 포용할 수 있는 그 넉넉함들을 간직하고 있는 분이 바로 동학의 지도자 일연 스님이다.

학인 시절에 이런 평을 들은 적이 있다.

봉녕사 출신들은 조금은 보수적이면서 원리원칙대로 수행을 하려고 하고, 운문사 출신들은 넉넉하게 포용을 하면서도 깐깐하고, 동학사 출신들은 상당히 개방적인 생활을 주도한다는.

지나가는 이야기인 것 같으면서 무언가 강한 메시지를 남겨 주기도 한 말들. 정말 그런 것인가 하고는 곰곰히 생각해 보았던 적도 있다.

무엇을 가까이 한다는 것은 자신도 모르게 닮아가기 때문에 좋은 환경 좋은 사람 좋은 지도자를 원하는지도 모른다.

봉녕사는 봉녕사대로 운문사는 운문사대로 동학사는 동학사대로 도량의 특성이 지니는 근본적인 환경도 있겠지만 전체를 이끌어 가는 지도자의 사상적이고 전파적인 의지작용이 더 큰 영향을 미치는 것이 아닌가 한다. 집도 주인에 따라서 모양도 분위기도 다르듯이 내가 어느 곳에 어느 단체에 속해 있느냐에 따라서 내 모양은 나도 모르게 변하고 길들여져 가는 것이다.

이제는 내 생각 속에 굳혀 있었던 개방적인 동학사 학인이라는 이미지보다 푸근하고 넉넉하면서 전통을 중요시하는 이미지가 떠오른다. 왜냐하면 동학을 이끌어 가는 분의 사상이 그러하기 때문이다.

길들여져 가는 것은 자발적인 의지와 노력에 의해서 이루어짐이 잘 되지 않는 사람에게는 소속감을 갖게 하고 그 소속감에 정해진 일정한 뜻과 룰을 따르게 하고 연마하다 보면 자신도 모르는 사이 길들여짐은 이루어진다.

평생 중노릇을 목표로 내세워 절에 들어오면 직위에 상관없이 누구든지 아주 낮은 곳에서부터 단계적으로 길들임은 시작이 된다. 그 길들임은 바로 큰 것을 이뤄내기 위한 수행의 과정이다.

강원이라는 곳도 마찬가지로 초보적인 단계에서 벗어난 길들임이 이루어지는 곳이다.

강원이 일명 승가대학이라고 바뀌기는 했지만 강원이라는 말이 더 정감이 가기 때문에 나는 내 방식대로 그대로 표현하겠다.

강원은 그 길들임이 채 이루어지지 않는 수행자들이 모여서 완전한 길들임으로 만들어 가는 과정이고, 또 중노릇의 목표에 중요한 시기이기 때문에 그곳을 거쳐서 나온 사람과 거치지 않는 사람의 차이는 살아가면서 보인다. 그래서인지 중노릇의 과정 속에 중요한 시기라고 나는 늘 말한다.

경전의 어마어마한 진리를 다 알지 못하고 졸업을 했다고 하더라도 그 소속 속에서 앉고 서고 바름이 길들여졌다면 어디 어느 곳에 가더라도 반듯한 수행을 할 수 있을 것이다. 인성 교육의 중요한 시기가 바로 청소년 시기라고 한다면 절집에 있어서의 중요한 시기는 바로 강원 생활이다.

강원을 생각하면 타성에 젖지 않은 싱싱하고 풋풋함들이 있기 때문에 중노릇에 있어서의 잊지 못할 추억과 정겨운 도반을 만들고 나오는 곳이다. 지금도 그렇다. 강원 도반들을 만나면 흉허물없이 지내지만 학교 도반들은 웬지 거리감이 있다.

몇 년이라는 기간 동안 함께 먹고 뒹굴면서 강원에서 지내는 동안 개개인의 성격과 미운 것 고운 것들을 다 보면서 생활해 온 것도 있겠지만 또 하나는 덜 길들여짐의 과정에서 길들여짐의 과정 속으로 함께했던 감정들이 있기 때문이다. 학교라는 곳은 보이지 않는 경쟁심이 있는 곳이다. 학점과 연결이 되어 있고 강원처럼 함께 지낼 수 있는 그런 여유가 없기 때문이다.

얼마 전 내 가까이에서 일을 도와주겠다고 하시는 처사님이 있어 그분에게 절집의 길들임을 익히게 하기 위하여 기도를 권유한 적이 있다. 가정을 가지고 사회 속에 묻혀 지내는 사람에게 무리한 권유이기는 하지만 새로운 분위기, 생각, 또 절집 밥이 그만큼 먹기 어렵다는 것을 알게 할 필요가 있을 것 같고 어렵게 얻은 것은 쉽게 버리지 않는 그 마음들을 나는 알기 때문에 어려운 일들을 계속 권유하고 기도를 하게끔 많은 방편들을 제시해 주었다.

첫 번째 기도는 주력 기도로 중간에서 결국 포기를 했지만 두 번째 기도는 처음 내 권유를 무색해 할 만큼의 기도의 힘이 붙어서 아주 잘 해내는 것을 곁에서 보아왔다.

절집에 와서 겨우 신심을 내어 절을 해본 경험이 있다면 108배인데 그것도 백일이라는 기간 동안 매일 삼천배의 기도의 량을 정해주고 해야만 당신이 원하는 것을 이루어낸다고 하는 강력한 내 말들을 거역할 수가 없어 하는 것 같아 보였다. 오랜 동안 세속의 훈습과 관습 속에서 길들여온 것들을 버리기 위한 작업이 그리 쉽지는 아니했다.

끝까지 자기 자신과 싸울 수 있는 의지가 있어야만 어떤 일을 맡겨도 어려움 없이 해결하고, 무슨 일이든 회피하지 않는 자세가 되어야 함께 일을 함에 부담이 없다는 내 이기적인 생각들이 혹시 저 사람에게 무리를 주는 것이 아닌가 하면서도 나는 끝까지 그 처사님이 기도를 마칠 수 있도록 때론 달래기도 하고 때론 야단도 치기도 했다.

백일 중 50일쯤 지나자 나름대로 기도의 힘이 붙고 왜 스님께서 그렇게 기도를 권유했는지를 알겠다는 이야기를 넌지시 던지기도 했다. 이 기도가 끝나더라도 기도의 생활은 계속될 것이고 그 힘으로 자기가 하고자 하는 일에 정진할 때 대원을 부처님 전에 세우는 불자의 마음이 되어 가는 모습 속에서 길들임의 중요성을 다시 한번 느껴 보았다.

주어진 시간은 바로 나를 키우고 완전한 힘으로 이끌어 가는 길들여짐의 시간이기 때문에 불편해하거나 힘들어해서는 아무것도 이루어질 수 없다.

전국 곳곳에서 모여든 지방특색만큼 성격이 다른 이들이 모여 사는 절집이라는 곳, 화합이라는 큰 그릇에 자신을 연마하고 또 다른 무엇을 이루기 위해 끊임없이 자신과 싸우는 곳, 그곳에서 불교의 밝은 장래를 약속할 수가 있다. 강원, 내게 있어서는 돌아보면 돌아볼수록 그리워지는 곳이다. 그곳에는 아직 화들짝 피지 못한 망울꽃들이 내일을 노래 부르고 있다. 소중함을 더 소중히 생각할 줄 아는 것들을 키워내는 곳, 그곳은 내 마음의 고향이기도 하지만 이제 그 옛날처럼 되돌아 갈 수가 없기 때문에 더 그립다.

오늘 방학을 마치고 강원으로 돌아가는 나와 인연한 학인 스님의 모습을 보며 그래 나도 저런 시절이 있었지 하면서 지난 학인 시절을 돌아본다. 정말 그리운 그곳, 우리의 후배들의 뜻이 순수한 만큼 안팎으로 힘들어지고 있는 우리 종단도 순수해짐을 배웠음하는 바람이다.

「동학지 97年 7 · 8月」

연꽃이 피는 계절에 마신 백련차

여름이라도 나는 창문을 활짝 열어 놓지 않는다.

시골이라 창문만 열면 몰려드는 파리와 모기떼 때문이다. 그
것들이 사람 냄새 그리워 방안으로 들어오는 날이면 그것들을
몰아내는 일에 많은 신경을 쓰고 쫓아내기도 힘들 뿐 아니라
윙윙거리는 그 소리가 온통 방안의 내 생활을 엉망으로 만들기
때문이다. 조금은 답답하고 덥다는 생각이 일어날지라도 아예
들어올 수 있는 틈을 주지 않는 것이 편안하다.

방충망이라는 것이 있어서 그래도 여름을 지내는 데는 큰 불
편이 없다. 이번 여름은 활동량이 많아서 그러한지 땀을 유난
히 많이 흘렸다. 원체 땀이 많이 나는 편이지만 그래도 방안에
들어오면 시원하게 지낸다. 아는 이가, 그것도 그리 넉넉하지
않은 사람이 내 건강을 생각해서 수맥을 차단한다고 하는 순동
돗자리를 마련해 준 덕분이다.

순동 돗자리는 일반 왕골 돗자리보다 훨씬 더 시원함이 느껴
지기 때문에 참 좋은 것 같다. 수맥차단이 되는지에 대해서는

아직 별 느낌은 없지만 무더운 여름 더위에 밤잠을 설치지 않으니 그것만으로도 대 만족이다.

동(銅) 자체가 열전도율이 최고로 높기 때문에 여름에는 시원하고 겨울에는 따뜻할 뿐 아니라 흩어진 사람의 기를 모아준다고 하니 기왕에 요를 깔고 잠을 자는 우리들의 습관이라면 요 대신 순동 돗자리를 일년내내 사용해 볼 생각이다. 보내준 이에게 사용의 효과를 말해주는 것이 도리인 것 같아서 말이다.

아직 겨울은 이 돗자리와 함께 지내보지 않았지만 삼복 더위 누우면 시원한 느낌이 피부 속속히 들어오는 것 같아 여름 한철이라도 그만한 값어치가 있는 것만은 사실이다.

여름이 되면 모든 사람들은 더위를 잊기 위한 여러 가지 방편을 동원한다. 그저 시원한 곳으로 몰려다니고 집안에서만 입을 수 있는 옷차림으로 거리를 활보하고 다닌다. 옷을 입는 모습을 보면 그 사람의 인품을 가히 짐작할 수 있다. 나이를 먹으면 나이답게 옷을 입는 인품이 있어야 하는데 40대 주부가 20대 옷차림으로 다닌다면 그리 아름답지 않다.

속이 빈 사람일수록 겉은 화려하게 또 없는 사람일수록 있는 척 허풍든 겉치레로 때론 사람들을 현혹하기 마련이다. 정말 잘난 사람 있는 사람은 아무렇게나 입어도 그 인품이 흘러나온다. 연꽃이 진흙에서도 유유히 그 인품을 드러내듯이 말이다.

7월, 8월 모든 사람이 벗기를 좋아하고 산으로 바다로 떠날 때 갇힌 물 속에서 고요히 자신의 인품을 드러내는 꽃을 만나러 가는 사람이 있다면 조금은 격이 다른 사람이 아닐까 하는 생각이다.

이번에 도착한 월간 구룡에 '연꽃이 피는 계절'이라는 특집을 다룬 글들을 보고는 구룡의 편집인들은 아마도 이번 여름 덥지 않게 시원하게 보낼 수 있는 마음을 가진 사람이라고 표현하고 싶다. 월간지 가득 연꽃으로 피워져 있는 것 같고 사뭇 읽는 것조차 시원했기 때문이다.

나는 가끔 길을 가다 연꽃을 만나면 '아, 부처님 꽃 성자의 꽃'이라고 혼자서 자주 탄성을 한다. 한동안 내 눈길은 연꽃 속으로 가 있다.

가는 곳마다 붉은 연꽃 즉 홍련화를 보았었고 또 향기를 제대로 맡아보지는 못했다. 작년에 법정 스님 글에서 읽었던 기억을 찾아 붉은 꽃이 아닌 흰 연꽃이 자그만치 10만 평에 이르고 있다는 무안군 일로읍 복용리 연꽃 방죽을 찾아 간 적이 있었는데 꽃이 질 무렵에 갔기 때문에 백련화의 진면목은 보지 못하고 돌아온 셈이다. 연꽃이 필 때 한 번 더 다녀와야지 하면서도 너무 먼 거리라 쉽게 발길이 옮겨지지 않았다.

어쨌든 늘 홍련화만 접한 내 시야를 또 다른 각도로 연꽃을 생각하게 했다. 경전 속에 홍련화, 백련화, 황련화, 청련화가 있다는 것만 읽어왔지 내 눈으로 다 확인한 적은 없다. 또 어떤 이는 간혹 황련화는 보았다고 하지만 청련화는 없다고 했는데 구룡 8월 특집에 보면 운월 스님은 방콕에서 푸른 연꽃을 보았다고 했다. 그렇다면 경전 속에서 말한 네 가지 꽃이 다 존재한다는 것이다. 청련화와 황련화가 어디에든 피었다고 하면 나는 꼭 가볼 생각이다.

백련의 진면목을 보기 위해 무안을 한번 다녀올까 하고 망설이고 있던 차에 가까운 온양 인취사에 백련이 피고 있다는 소식을 듣고 갔었다.

세조 때 유학자 강희맹이 중추원 부사로서 명나라에 다녀올 때 중국 남경에서 연꽃 씨를 채취해 가지고 고향인 시흥군 수암면 관곡지 연못에다 시험 재배했다고 한 그 연꽃, 필 때는 약간의 붉은 색을 띠면서 꽃이 활짝 피었을 때 테두리에는 붉고 속은 흰 연꽃이 바로 인취사 들어가는 입구의 연못에서 꽃을 피워내고 있었다. 이곳 주지스님이 5년 전 간송 미술관 최완수 실장에게 그 씨를 얻어 그것을 다시 재연했다고 한다.

스님은 세 개의 연못을 만들고 늘 연꽃과 함께 지내면서 반야심경 사경정진을 한다고 하신다. 햇볕이 아주 강하게 내리쬐는 한낮 여름 더위지만 연못을 한바퀴 돌 때마다 바람 따라 다가오는 백련의 향기는 아주 독특하게 향기로웠고 내 처음으로 연꽃 향기의 진면목을 느낄 수 있었던 한나절이었다.

스님께서 직접 만드셨다는 백련차 맛 또한 새로웠다.

녹차를 헝겊에 넣어 이틀 밤 꽃 속에 넣어두었다가 다시 꺼내어 차가운 냉수로 서서히 우려내어 주는 그 맛. 조선 중기까지 최고의 차라고 했던 그 백련차 맛은 인취사에서만 마실 수 있는 것 같다. 연꽃이 있는 곳에서 연꽃차를 마심은 이 여름 물가를 찾지 않아도 훌륭한 피서이다. 한 가지 아쉬움이 있다면 연꽃과 차에 걸맞게 스님이 사시는 주위가 조금은 운치 있게 정돈이 되었음 하는 생각이다.

나는 연꽃이 불교를 상징한다는 것을 몰랐을 때 연근이 맛있어 꽃보다 그 뿌리를 더 생각했던 어린 시절이 있었다.

꽃이 지고 나면 긴 장화를 신고 연못에 물을 내보내고 그 뿌리를 캐어 오시던 아버지. 그것을 적당한 불에 쪄서 먹도록 해주신 어머니. 이렇게 길들여온 내 입맛은 다른 사람보다는 연근이라는 음식을 유난히 챙겨 가면서 먹는다. 삶은 것도 좋지만 날것으로 먹는 맛도 괜찮다.

연근을 통째로 삶아서 입으로 한 입 한 입 깨물어 먹어보면 깨물 때마다 속이 비어 있는 듯 하면서도 누에가 실을 뽑아내는 듯 실줄기가 한없이 나오곤 한다. 지금도 간혹 시장에 가보면 연근이 눈에 뜨일 때가 더러 있어 옛날 그 맛을 재연해 보려고 요리를 해보기도 한다.

그런데 인취사 주지 스님의 말씀에 의하면 백련은 관상용이지 그 뿌리가 실하지 않다고 했다.

백련이 지기 전에 백련서식지인 우리 나라 최대의 강진군 성전면 금당지와 도암면 덕연리 백련지와 군동면 쌍덕리에 있는 자생지에 다녀오고 싶다. 물 속에 파란 치마를 두른 듯 받쳐진 그 넓은 잎 고고한 자태로 물 속에 있으면서 한 방울의 물과 진흙이 묻지 않은 하이얀 연꽃을 바라보는 여름 그곳에서는 굳이 옷을 벗을 필요가 없다.

옷을 벗는 것도 하나의 습관인 것 같다. 스님들은 더워도 살갗을 가리는 옷을 입는다. 덥고 추움에 그다지 큰 반응을 표출하지 않는다.

물 속에 있으면서도 물을 그리워하지 않는 연꽃의 자태는 벗기를 좋아하는 이 여름 우리에게 큰 교훈을 준다.

「불교춘추」

무염 선사의 숨소리가 들리는 성주사지에서

"성주면 소재지에서 잠깐 눈을 멈추고 이정표를 보니 부여 가는 길, 먹방 가는 길이라 적혀 있어 동방의 보살 무염 선사가 어디메서 정진하셨는지 한참이나 더듬어 갔다. 이제사 고을원 님 작은 깨달음을 얻으셨는지 아니면 신라시대 구산선조(九山禪祖) 중 한 분이 이 고을에 계셨던 소중함을 아셨는지 '먹방 가는 길'이 없어지고 '성주사지 2Km'라는 이정표가 눈앞에 와 닿는다.

그 길 따라 성주사지에 이르면 그 옛날 옛적 눈 푸른 내 도반들 화두 깨쳐 나가는 소리가 온 산을 에워가고 있음을 귀 막고 있어도 들리는데, 세상의 향락에 물든 어리석음들이 이제 그것을 읽을 줄 아는지 뒤늦게 발굴에 발굴로 자리를 덮으려고 한다.

"깨어나거라. 어리석음들아,

　몇 점 유물 얻었다고 큰 것을 얻은 양

떠들어 대며 위안을 삼지 말고."

내 시집 '달을 보는 섬'에 수록된 성주사지에 관한 졸시이다. 나는 성주사지 부근에 살면서 한 편의 시와 한 편의 수필을 발표한 적이 있다. 이 시 덕분으로 불교춘추와 인연이 되어 또 성주사지와 연관된 한 편의 글을 남길 수 있는 인연이 되었다. 이곳에 인연한 지 햇수로 만 8년째이다.

첫 해에 이 지역에 살려면 사람을 만나기 전 우선 이 지역의 역사와 문화를 이해하는 것이 우선이라 생각되어 문화원에서 발행한 두 권의 책자 '애향'과 '내 고장 역사의 현장'이라는 책을 들고 혼자서 갈 수 있는 곳은 두루 답사를 한 적이 있다.

승복을 입은 내가 제일 먼저 갔던 곳이 어디겠는가. 역시 성주사지이다. 단지 성주면에 있다는 것 외에는 이정표가 없어 물어 물어 찾아갔었다. 성주사지가 구산선문 중의 하나라는 것은 익히 알고 있었기 때문에 처음 갔어도 그리 생소하지도 않았을 뿐 아니라 과거세에 나도 무염의 제자로 이곳에서 정진을 한 것 같은 묘한 기분에 사로잡히면서 오래 전부터 살아오던 곳으로 여겨졌다.

그 인연으로 아무런 인연 없는 이 보령 땅에 세원사라는 대가람의 사찰을 꿈꾸며 창건을 시도하는지도 모른다는 생각을 수없이 하면서 틈이 나는 대로 자주자주 그곳을 찾아가서 무염 선사와 보이지 않는 교감이라도 이어 보려고도 했다.

이 중요한 문화적 사적지가 있는 곳에 이정표 하나 제대로 되어 있지도 않고 누구의 손에 의해서인지 몇 차례의 발굴 흔적을 그대로 방치해둔 모습뿐 아니라 사적지 안에서 소, 염소가 유유히 방목되고 있는 모습을 보면서 다녀올 때마다 그리 편안한 마음은 아니었다.

한동안 가지 않다가 그 다음해 다시 가보니 이정표가 바뀐 것이 아닌가. 먹방 가는 길이 없어지고 성주사지 2Km라는 그 이정표가 너무나 반가워 그 때의 감정을 시로 남겨 두었던 것이다. 한 시대에 훌륭한 인물을 만들어 내려면 모든 사회적 여건, 경제적·정치적 여건이 맞물려 들어가야만 가능한 일이라고 생각한다.

사람은 똑똑하고 괜찮은 사람인데 시대를 잘못 타고났다거나 가정환경이 좋지 않거나 경제적으로 뒷받침이 되지 않아서 클 수 없었던 이야기들을 미루어 본다면 인물은 단순히 나하나의 힘으로 이루어지는 것이 아니라는 것을 무염 선사에 관한 연구업적들을 섭렵하면서 더 실감할 수 있었다.

보령지방에 인류가 최초로 살기 시작한 것은 신석기 시대 마한시대 이전부터라고 한다. 백제가 나라를 세우면서 보령은 백제에 속하며 두 개의 행정구역으로 나누어 졌는데 그 하나가 사포현(寺浦縣)이고 또 하나가 신촌현(新村縣)이었다고 한다.

신라 성주사 이전 백제 때 오합사라는 사찰이 있었는데 백제의 법왕이 왕자의 신분으로서 전쟁에서 죽은 장병들의 원혼을 달래기 위한 호국사찰로 이곳에 세웠다는 것부터 나는 지정학적 제 여건과 문화적인 배경이 있었던 것이 아닌가 하는 생각이 들었다.

오합사를 통하는 포구가 사포 포구라는 것과 그 포구가 이 지역의 중심이었고, 일본에까지 문물을 전할 만한 사찰의 포구라고 할 수 있을 만큼 오합사는 중요한 위치에 있었으며, 많은 백제 문화를 일본에 전한 사찰이라고 미루어본다면 백제가 오합사에 어느 정도 비중을 두었는지 짐작할 수 있다.

오합사가 신라 문성왕 때까지 내려오다가 문성왕 18년 무염선사에 의해 개창되면서 사명(寺名)을 성주로 새로 정하여 선종 구산문의 한 사찰로 자리함으로써 오합사의 역사는 231년간 이어져 끝을 맺었다.

사찰도 사(寺)에서 대가람(大伽藍)으로 바뀌었으므로 포구 이름도 사찰에 걸맞게 사포에서 람포로 바뀌었음을 동국여지승람에서 이렇게 기록하고 있다.

百濟寺浦 新羅 景德王16년 改 藍浦爲西林郡領縣

백제시대 오합사가 존재하여야 했던 이유 이상으로 신라시대에 성주사가 문화적·정치적으로도 큰 의의가 있었을 수밖에 없었던 것은 이 지역의 입지 조건이 농경지가 넓고 비옥하여 물이 많고 육상, 해상, 수상뿐 아니라 외국 왕래시 전혀 불편이 없는 곳이었기 때문이라고 한다.

무열왕 계통의 김흔의 권유로 당나라에서 돌아와 마땅한 거주처가 없었던 무염이 오합사에 주석하게 되었는데 후일 문성왕이 대사의 업적을 듣고 절의 이름도 산의 이름도 성주로 바꾸어 대흥륜사에 편입, 등록해주었다는 기록이 비문에 수록되어 있다는 것을 곳곳의 논문에서 읽을 수 있었다. 무염은 14세 때 설악산 오색석사에서 법성 선사를 스승으로 모시고 부석사 석등 대사에게 화엄을 배웠다. 두 스승의 권유로 중국 유학을 가던 중 풍랑으로 인하여 표류하다가 왕자 김흔의 도움으로 살아 날 수가 있었고 그 인연으로 무염이 귀국했을 때 김흔의 청을 거절하지 않았는지도 모른다.

무염은 부석사에서부터 화엄학에 뜻을 두었는데, 26세 때 철감도윤 선사와 함께 당나라로 화엄학을 연구하러 갔을 때 종남산 지장사에서 한 얼굴이 검은 노인이 나타나 "모든 이치를 알려면 먼저 마음이 무언지 알아야 한다."라고 하는 말에 문자를 놓고 마음의 문을 열어 선(禪) 공부를 하게 되었다고 한다. 노인을 만난 이후 신라의 정신세계를 이루었던 교종 화엄사상이 무염에 의해 불립문자의 선종으로 옮겨 갔다고 한다.

무염이 낙양(落陽) 불광사에서 마조 밑에서 수학을 했고 그 후 마조도일의 문하인 마곡사 보철 화상에게 나아가 선을 닦고 '해동의 대부가 될 것이다.' 라는 인정을 받았다.

무염은 육조혜능-마조도일-마곡보철의 법맥을 이은 선종의 정맥이라고 할 수 있다. 이런 선종의 정맥은 무염이 성주사에 머물면서 더욱 확고해졌다고 하며 또 무염은 말에 얽매이거나 이론에 의존하지 않는, 곧 심법(心法)에 직입한다는 무설토론 (無說土論)을 주장하여 큰 반향을 일으킨 인물이기도 하다. 구 산선문 중 제일 번창했던 성주산문의 무염의 제자는 2천 명이 나 된다고 한다. 왕자 김흔은 같은 무열계통인 양평 보리사 여 엄(麗嚴)과 해주 수미산파인 이엄(利嚴)과의 인연이 있었던 것 으로 보아 후일 이 두 사람은 무염의 사상의 영향을 받지 않았 나 하는 생각이다.

왜냐하면 무염과 김흔은 모두 무열계의 장손임을 강조하고 있었고 김흔이 무염 선사한테 선문개창을 간청한 데는 민심 수 습이라는 차원에서 문성왕의 큰 배려가 있었던 것이 아닌가 하 는 생각을 조심스럽게 해본다.

성주사는 무열계의 공동조상으로 하는 무염과 신라중앙 귀 족들의 만남을 통해 그 기반을 견고히 했을 뿐 아니라 성주사 가 신라의 중심지에서도 상당한 거리를 둔 지역에 있으면서도 가장 번창할 수 있었던 배경은 특수한 신분의 정치 사회 경제 의 기반이 작용하였던 것을 미루어 짐작할 수가 있다.

무염은 문성왕뿐 아니라 헌안왕, 경문왕, 헌강왕, 진성왕들 로부터 치국의 자문을 받기도 했다. 국사 칭호는 경문왕과 헌 강왕 때 받았고 진성왕은 왕사로서 예우했다. 또 진성왕은 무 염 선사 입적 후 시호를 낭혜로 내렸고 탑호를 백월보광이라고 내렸을 뿐만 아니라 2년 후 최치원에게 비문을 짓게 하였다. 그 비문 덕분으로 성주사지와 무염의 업적을 후대인들이 연구할 수 있었던 훌륭한 자료가 되었다.

최치원이 신라 사람으로서 신라 하대에 권세 다툼의 와중에서 세상을 비관하고 전국을 유랑할 때 남포의 보리섬과 성주사에 자주 왕래했다고 한다. 최치원의 사산비명은 유명하다. 하동 쌍계사의 진감 국사의 부도비, 문경 봉암사의 지증 대사의 부도비, 경주 초월산의 대숭복사비, 성주의 무염 선사비가 바로 최치원의 사산비명이다.

현 성주사지 위쪽에 가보면 두 개의 비문이 성주사지를 무색하게 할 정도로 버티고 있다. 그것도 고 박정희 대통령의 친필로 말이다. 최치원의 비문이 성주사지 위, 무염 선사 비문보다 훨씬 위쪽에 버티고 있다는 것에 승려인 나로서는 아름답게 보여지지는 않는다. 후대의 사람들이 그분의 뜻을 기리기 위해 세운 비문이라고 하지만 사지 위에 세우겠다는 발상은 유교적인 사상이 더 강했다는 증거이다. 아마 불교인들이라면 사지 밑이나 옆에다 세웠을 것이다.

나는 이번에 무염 선사의 업적들을 두루 섭렵하면서 내가 사는 이 지역에 그런 훌륭한 분이 머물고 가셨다는 것에 마음이 뿌듯하다. 바람이 있다면 옛날의 모습대로 복원이 되어 나의 많은 도반들이 화두 깨쳐가는 모습을 함께할 수 있다면 하는 생각이다. 앞으로 성주사지를 어떤 차원에서 발굴하고 연구하고 혹이나 복원할 계획은 없는지 시 문화 관광계에 오래 계셨던 분한테 넌지시 물어보았다.

현 김학현 시장님이 군수 재적시부터 금당 하나만이라도 복
원되어야 한다고 주장한 바 있으나 문화재 관리국에서 발굴조
차 문화재 훼손이 되고 또 복원을 하려면 지금의 자리가 아닌
곳에 복원을 하라고 하기에 엄두를 못 내고 있다고 한다.

95년부터 97년까지 사지복원을 위한 사업비가 그대로 묶여
져 있고 그나마 누구의 발상인지는 모르지만 사지 안에 사원건
물이 아닌 민가 집 모양의 한옥이 한 채 들어서 있다.

후일 박물관이라도 세워지면 관리소 역할을 할 곳이라고 하
지만 지금 현재로서는 집만 있을 뿐 관리인도 그곳이 무슨 용
도에 쓰여지는지도 아무런 표시조차 되어 있지 않다. 관 당국
도 그렇다. 사지 안에 조그만 건물 한 채도 사원 건물의 모양과
색채라도 고증을 삼아 지어졌음 한다.

무염의 후신이 다시 성주사지에 돌아와 옛날의 모습의 복원
이 될 수 있다면 더할 나위가 없겠지만 이것은 개인의 힘으로
는 역부족이다. 무염이 성주산파를 번창하게 할 수 있었던 그
때의 요인처럼 종단 안팎의 모든 분들이 관심을 가져주어야 하
고 특히 이 지역민들은 성주산문이 다시 일어나야 한다는 데
대원력을 발해주고 문화재 당국은 문화재 보호에만 연연하지
말고 많은 문화재 관리예산으로 과감히 복원할 수 있는 힘을
가져야만 한다. 우리가 후학들에게 물려줄 수 있는 것은 물질
적인 부강보담 정신적인 사상을 전해 줌이 보다 나은 재산이
될 것이다.

　성주산문이 남포의 도적들까지 흡수할 수 있었던 가장 영향
력을 가진 산문으로서 지방세력의 뒷받침을 받은 점이 있겠지
만 무엇보다도 성주사를 이끌어 가는 무염은 늘 말했다고 한
다. 후학들에게 "자신이 마시고 먹지 않으면 자신이 목마르고
배고픔을 면할 수 없으며 각자 노력하여 스스로 먹으라."는 스
스로의 수행으로서의 노동을 몸소 실천한 가르침이 있었다고
한다.

　그 옛날 무염 선사의 강한 업적의 혼들은 아직 살아있어도
그것을 알려고 하지 않는 후대인들, 성주사지 앞뒤로 그분의
혼맥이라도 끊는 듯 탄광이 이은 폐광의 흔적은 성주사지를 다
녀올 때마다 늘 내 마음을 무겁게 한다.

「불교춘추」

목아불교박물관에서 마신 송차

님이 오신 날 행사를 치르고 난 뒤 그 뒤풀이로 며칠 뒷일을 도맡아 해준 몇몇 신도님들과 함께 목아불교박물관에 갔었다.

나는 몇 차례 다녀오기는 했지만 초행인을 위한 길잡이 역할을 위한 안내로 딴 곳에서 느낄 수 없는 불교문화 답사지로 적합했고 또 방학 동안 어디 나들이 못 가서 몸부림치는 일진 스님께 이번 동행을 방학 선물로 주고 싶기도 했기 때문이다.

이곳을 방문할 때마다 느끼는 것이지만 종단 차원이 아닌 박찬수 씨의 개인 원력, 별 돈이 되지 않는 사업, 불교 문화 한 부분을 혼자 도맡아 보여주는 사업, 언제 만나 보아도 겸손한 장인정신, 참 보살의 화현이 목아불교박물관을 돋보이게 하고 자주 와도 늘 새로운 느낌을 받는 것 같아 좋다.

전에 비해 많이 안정되어 보이는 분위기, 사람들의 발걸음도 전에 비해 많은 듯하고 여기저기 외국인의 모습이 보여 누구나 한번쯤 거쳐가는 문화지로 발전해 가는 것은 박찬수 씨 개인으로나 불교로서도 큰 포교를 하는 셈이다.

이번 방문 중에 내 눈을 거슬리는 것이 하나 있었다.

박물관 분위기와 어울리지 않게 전시장 입구에 친 하나의 파라솔, 그 밑에서 지저분하게 늘어놓은 뻥튀기 과자 판매, 얼마의 수입이 보탬이 되는지는 모르지만 아무튼 좋은 모습은 아니었다. 장사를 하겠다면 박물관과 어울리게 작은 공간을 마련하여 판매했으면 하는 아쉬움이 일었다.

무어라고 한마디 할까 하고 다가갔다가 꼬마아이만 있어서 과자만 사오고 말았다. 일행이 나오길 문 앞에서 서성이던 나는 자꾸만 내 눈이 파라솔 쪽으로 향해져서 그 눈길을 돌리기 위해 연못 쪽으로 고풍스럽게 자리한 찻집으로 눈을 돌렸다. 그때 찻집의 메뉴판이 눈길을 끌었다.

'송차 있습니다.'

송차는 솔잎과 설당물로 어우러져서 발효된 음료이다. 요즈음 청량음료의 하나인 '솔에 눈'도 이 비법을 받아서 제조했는지도 모른다. 일반 청량음료는 도저히 이 맛을 낼 수가 없다.

송차는 솔잎을 채취하여 깨끗이 씻은 다음 큰 독에 솔잎과 설탕을 같은 비율로 재우고 그 위에 잘 정제된 물을 부어 봉해두면 발효가 된다. 발효가 된 뒤 여과 천을 이용하여 깨끗이 걸러내어 딴 용기에 넣어 냉장고에 보관하여 마시면 좋다. 송차는 많은 약 효능을 가지고 있어 일반인보다는 스님들이 즐겨 마셨다고 한다.

또한 소나무는 신령스러운 나무로 숭배되어 신수(神樹) 또는 영수(靈樹)라고도 한다. 신수인 소나무는 해, 구름, 물, 돌, 대나무, 불로초, 거북이, 사슴, 학 등과 함께 십장생(十長生)의 하나이기도 하다. 그래서인지 절집에서는 귀한 손님이 오면 건강하게 장수하라는 뜻으로 귀한 송차를 대접한다. 마셔본 사람들은 스님들이 칵테일 맛을 즐긴다고까지 할 정도로 약간의 알콜기가 있음은 분명하지만 자연현상이라 부작용은 없다.

나도 이곳에 내려왔을 때 처음에는 송차를 만들어 내놓아 귀한 차로 각광을 받기도 했지만 이제는 까맣게 잊고 손쉬운 것으로 접대한다.

나는 송차 맛을 즐기고 있으며 곧잘 마신다.

송차라는 글귀가 눈에 들어왔을 때는 참새가 방앗간을 그냥 지나칠 수 없듯이 마시고 싶은 마음에 모두를 안내했다. 깊은 산중으로 가지 않으면 쉬 접할 수 없는 것이다.

이 분위기에 걸맞는 차라고 생각되어 송차의 맛과 멋에 취해 모든 시련 잊어버리고 오래오래 기억되어질 수 있는 자리로 만들어 주고 싶어 모두에게 권했다. 어떤 이는 참 맛이 특이하다고 하였고, 어떤 이는 먹으면 취기가 돌 것 같다고 아예 입에 대지도 않아서 그 사양하는 몫까지 마셨다.

대중에 살 때 다각 소임으로 손님이 오면 내놓는 양보다 몰래몰래 마신 양이 아마 더 많았는지도 모를 만큼 즐겨 마셨던 송차가 아니던가.

커피 잔 한 잔 분량에 오천원이라는 돈을 받았는 데 그만큼

귀한 것이기 때문에 비싼 느낌이 들어도 아깝지 않게 지불할
수 있었지만 일행은 마시고도 귀함보담 비싼 감이 든다는 눈치
였다.

사양하는 몫까지 마신 탓인지 돌아오는 길목은 약간의 취기
와 함께 잠으로 보냈지만 그래도 좋았다. 입안 가득 솔잎 향기
로 가득차 있어 깊은 산중의 향기가 온 몸에 퍼지는 듯 하여 말
이다.

오늘은 청양 깊은 골 원각사에 가서 보현행 보살과 함께 솔
잎을 채취해 와서 차로 담그어 그늘진 곳에 두었다. 무더운 여
름날 갈증을 덜어주고 시원한 솔 향기를 몸 속 깊이 넣어주기
위해서 발효되어 마실 때까지 목아불교박물관에서 마신 송차
향기를 가득 생각하면서 기다려야겠다.

요즈음 장수한다는 소나무도 공해 때문에 자꾸자꾸 죽어가
고 있어 우리 재래 소나무가 흔히 있는 것이 아니라 얼마나 오
래 송차를 즐길 수 있을지는 모르겠다.

송차를 담으면서 이런저런 생각을 하는데 전화가 왔다고 하
여 받아보니 부산에 사는 친구였다.

그 친구는 나무 의사이다.

오늘도 죽어 가는 나무를 살리기 위해서 먼 진도까지 다녀왔
다는 이야기를 하길래 나는 소나무를 병들지 않게 해준다면 송
차를 만들어주겠노라고 했다.

특이한 직업을 가진 이 친구의 말. 인간이 만들어 가는 오염

때문에 자연까지 죽어가니 치료하는 나무도 옛날만큼 견디기
는 힘들지 않겠느냐는 것이다.

'맑고 향기롭게' 자연이 싱싱하게 살아서 움직일 때 인간도
장수할 수 있을 뿐 아니라 마음놓고 오래 송차를 가까이 할 수
있을 것이다.

「불교춘추」

그날 찬바람이 일어도 너무 일더라

새벽 예불 시간의 자명종이 울릴 때까지 깊은 잠에 빠져있던 시간 어슴프레하게 들려오는 전화벨 소리에 몇 번이나 눈을 뜨고 감았다.

'이 시간에 누구일까? 잘못 걸린 전화이겠지' 하고 무시하려고 하는데 몇 번이나 울리고 끊어지곤 했다. '무슨 일이 있는 신도일까' 하는 생각에 수화기를 들었다. 아는 분의 목소리였다. 불교에 입문한 지 얼마 안 된 한 불자의 아들이 교통 사고로 숨졌다는 소식이었다. 이부자리를 털고 서둘러 병원 영안실로 달려갔다. 갑자기 당한 아들의 죽음에 온통 정신을 잃고 있는 엄마의 표정. 눈물샘이 마르지 않는 통곡의 목소리가 끝없이 이어지고 이어졌다. 단지 부모를 앞세워 먼저 갔다는 이유, 아이라는 이유 때문에 단 하루 만에 한 줌 재로 그 아이는 이 세상과 인연을 마감했다.

불가에서는 육신은 비록 한 줌의 재로 변한다고 하지만 영식(靈識)은 살아서 우리 곁에 있다고 본다. 사람이 죽으면 영식이 처음에는 착심(着心)으로 쫓아서 가다가 후에는 업에 따라서 태어나기 때문에 슬픔으로 영가를 위해서는 안 된다고 한다.

대개 49일간 중음신으로 머물러 있다가 인연과 업보를 따라 몸을 받게 된다. 이 49일간을 중음신(中陰)이라고 한다. 일단 중음신으로 있을 때는 7일마다 한 번씩 새로운 기운을 차리고 살아나게 된다. 이 7일을 영혼의 주기라고도 한다.

7일이 되면 다시 소생하듯 깨어나길 7번 거듭하다가 49일 만에 후음(업에 따라 몸을 받음)받게 된다. 그래서 불가에서는 49일 동안을 중음신으로 머무는 기간으로 잡고 영가를 위해 천도재를 7일마다 7번 모신다. 중음신으로 떠돌아다닐 때 처음에는 마음이 가장 끌리는 곳으로 가서 맴돌다가 차차 가족과 친지가 올리는 정성을 받다 시간이 흐르고 49일이 되는 날에는 인연따라 후음을 받게 된다.

중음에 있는 동안 바로 천도식을 거행하고 아침저녁으로 중음신을 위해 정성껏 독경을 하면 그 힘을 얻게 되고 7일마다 재를 올려서 영가의 길을 밝혀주고 바르게 편안하게 해주어야 하는 것이 살아있는 자들의 할 일인데 그저 떠남의 슬픔에 못 이겨 괴로워할 뿐이지 영가를 위해 무엇을 해야 하는지도 모르고 있다.

아무리 눈물을 흘리고 슬퍼한들 간 자가 돌아오지는 않는다. 가족들은 영가를 위해 영가의 복을 지어주어야 한다.

재산이 있는 자는 영가 몫을 만들어 주어야 하고 보상을 받은 자는 영가의 생명과 담보한 그 대가를 영가를 위해 써주어야 한다. 그 생명 값을 받아서 영가를 위해 써주지 않는다면 은연 중 재앙이 따르게 마련이다. 우리는 정말 어느 정도의 영가를 인식하고 살고 있을까. 그냥 눈에 보이지 않는다고 묵살해 버린다면 그 영가는 오갈 때 없이 무주구천을 헤매이게 된다.

복을 지어주어 좀더 나은 곳으로 태어나게끔 해주는 것이 가족의 도리이다. 불의의 사고로 숨진 이 아이의 장례식을 치르고 돌아온 부모들에게 49재의 의미를 설명했다. 가능한 7일마다 재를 올려주고 그 정성을 다하자는 내 말의 이해의 폭이 좁았는지 그 부모들은 부모보다 먼저 간 아이 자꾸 생각하면 고통만 클 뿐 절에다 두고 49재만 하겠다는 뜻이 보여 더는 이야기하지 않았다.

더 이야기하다가는 '잿밥에만 관심이 있는 걸'로 오해받을 소지가 충분하기 때문이다. 오래 절에 다닌 불자들도 재 지내는 데는 인색하기 그지없다.

장례를 치른 결과 그 모든 것을 영가를 위해 써주는 것이 아니고 개개인의 주머니 속으로 들어가고 영가를 위해서는 아주 인색하다.

가끔은 신도들이 찾아와서 49재 비용이 얼마나 드느냐고 물어올 때가 있다. 그 비용은 정해진 것이 아니다. 영가가 벌어놓은 부의 가치가 많다면 마지막 베풀 수 있는 기회, 아니 저승길 노잣돈을 넉넉히 준다고 생각하고 형편껏 베풀면 된다. 즉 영

가를 천도하자면 재주(친지 가족)의 지극한 정성이 우선이어야
한다. 그러나 가족들은 이제 끝, 이것은 다 살아있는 자의 몫이
라고 착각한다.

　그날 한 아이의 죽음이 겨울을 더 매섭게 만들어 여러 사람
의 발목을 잡았다. 이생의 마지막 한은 흰눈이 되어 온 천지를
덮었고 화장터에서 내려온 아이에게 늦게나마 부처님 법 만남
을 격려해 주면서 그 아이의 영전에 나는 한 편의 시로 극락왕
생을 빌었다.

　홍성 봉서원/흰 산 위/한 줌 재로 날려보내기 위해/활활 타
던 불집으로/자식을 밀어놓고 오던/어미는/허망의 순간 순간
을/부둥켜 안고/하필이면 왜 내 자식이냐고/
　가슴을 치고/절규하는 어미의 심정/오죽할까마는/가고 옴이
어디 마음대로 되는 일이던가/어미의 향기 맡고/볼을 비비며/
품었던 사랑의 고리/불집에서 한 겹 한 겹 벗고 있는데/어미는
그것을 인식하지 않으려고/눈물만 눈물만 흘리더라/세상인연
다 가지고/말없이 돌아서는/자식은 이제 어미의 환상 속에 자
라서/가슴 가운데 시간이 갈수록/더 큰 덩어리로 감추어 들겠
지/찬바람/그 찬바람이 몹시도 일던/홍성 봉서원/통곡하는 어
미의 눈물은/한 줌 마른 재로 희석되어져/흰눈으로 흩어져/ 산
으로 바다로 찾아 날리더라.

「97年 12月」

화려한 축제가 있은 뒤 이 허허로움은

부처님 오신 날 그 깊은 뜻을 받들고 따르기 위한 축제는 내게 있어서는 한없이 즐겁고 힘찬 날이다. 나뿐만 아니라 그분을 따르는 모든 제자들의 마음이 이와 같을 것이다.

그분에게 흙 냄새가 채 가시지 않은 싱싱하고 상큼한 꽃들로 장식하고 싶은 마음에 해마다 이른 새벽 서울 양재 꽃시장으로 달려간다.

"스님은 이곳에 있는 물건들을 이용하셔야만 이곳 경제가 넉넉해지는 것이 아니냐"고 가끔 가는 꽃가게 아줌마가 넌지시 불만스러운 표정을 내게 건넨다.

첫 해에는 차도 없고 하여 이곳 꽃가게에서 필요한 만큼 꽃을 가져오기도 했는데 상당히 비싼 가격이고 그리고 다양하지도 싱싱하지도 않는 꽃들뿐이고 또 따로 주문을 하자면 여러 가지 번거로움이 따를 것 같아서 그 다음해부터는 힘들어도 서울까지 올라간다. 올라가기가 힘들어서 그렇지 가격도 저렴하게 구입할 수도 있고 또 싱싱함 그대로 가져올 수가 있어 얼마나 잘 선택했는지 모른다고 꽃시장 갈 때마다 늘 혼자서 중얼거린다.

어떤 일이든 선택하기까지가 힘들어서 그렇지 선택하고 나면 그것에 다소 허점이 보일지라도 밀고 나가고 후회하지 않는 성격이 이럴 때 큰 도움이 된다.

가능한 한 말을 앞세우고 싶지 않다. 실천이 수반될 수 있을 때 나는 늘 말한다. 내가 결정한 부분들을 말이다. 그런 판단과 결정 없이 계속 이곳에서 꽃을 사서 이용했다면 마음 한 구석에 너무 비싸고 싱싱하지 않다고 꽃을 만질 때마다 꽃가게 상술에 불만을 가질 수 있었을 것이다.

밤새 전국 각지에서 올라온 꽉 물차 오른 꽃들의 경매가 끝나면 각 상인에게 넘겨져 그날 경매시세에 따라 가격이 결정됨이 재미있을 뿐 아니라 꽃 속에, 다양한 향기 속에 있는 그 자체만으로도 즐거운 일이 아닐 수 없다.

푸짐하게 내 품속으로 안긴 꽃들의 표정을 보면서 덜 깬 내 새벽잠은 무색해진다. 꽃 시장의 상인들의 모습은 다른 곳에서 느끼는 상인들의 표정보다 맑고 밝아 보인다. 늘 꽃과 함께하기 때문인지 모른다.

부처님 전에 아무렇게 올리는 꽃보다 그래도 자리한 꽃을 올리는 것이 좋지 않을까 하고 꽃꽂이를 배워둔 경험 때문에 행사 때마다 전문가의 손을 빌리지 않고 나는 곧잘 연출해낸다. 다른 사찰에서 느낄 수 없는 분위기로 찾는 이들의 마음에 조금의 정화가 된다면 나는 매일이라도 이 일들을 하고 싶다. 이번 부처님 오신 날은 서울에 사시는 유정현 씨가 스님 마음껏 꽂아보시라고 넉넉히 꽃값을 보내주어서 돈에 구애받지 않고 사왔다.

꽃을 사오고 꽂고, 몇 날 며칠 등을 만드는 일에 비해 끝남은 너무나 짧고 허전해서 때론 내가 너무 겉치레의 화려함에 온 정성을 쏟은 것이 아닌가 하는 생각을 가질 때도 있다.

축제의 분위기가 꺼질 때 언제나 느끼는 것이지만 아쉽고 허탈한 그 기분이 오래 가고 길어서는 안 되겠다는 생각에 서둘러 마무리를 한다. 거리에 등불을 밝히고 거두어 드리는 작업은 오창현 씨와 최성진 씨 몫이다. 이 축제에 그분들만이 갖는 즐거움이고 보람이라고도 하겠지만 일과 중에 그리 넉넉한 시간을 갖고 있는 분들이 아니기 때문에 마음 내어줌이 한없이 고맙다.

이런 분들이 있는 반면에 아직 덜 정화된 불자들이 있어 때론 나를 짜증스럽게 만든다. 부처님 오신 날은 어둡고 그늘진 곳에 불을 밝히는 일, 모든 고통으로부터 편안하게 해주기 위해 이 땅에 오신 분의 뜻을 실천하고자 하는 것에 더 깊은 관심을 가져야지 얼마의 등 값 어떤 모양의 등으로 나를 포장했느냐가 중요한 것이 아니다.

빈부의 격차를 좁히기 위해 세원사에서는 등 모양도 등 가격도 일정하다. 처음에는 불자가 신심껏 주는 대로 받지 않고 일정한 가격을 정했다는 것이 편하지 않는 마음이었지만 그렇지 않고는 절 살림을 할 수가 없어 그렇게라도 불사에 동참하는 길을 만들어 주고 싶었다. 개개인의 조그마한 보탬이 성전을 이루고 그 성전 속에 밝은 미래가 보인다면 그것이 그리 문제될 것도 부당하지도 않다고 나 스스로 합리화시키면서 자리했다.

접수되는 대로 불을 밝혀 주는데 어떤 분들은 자기네 등이 아주 좋은 곳에 달아져야 한다고 강요하는가 하면 누구는 우리들보다 직위와 권위가 있는 사람이니까 조금은 다른 모양 다른 크기를 강요하는 분이 있다.

나는 나 나름대로의 법회 시간을 통해 좁고 닫혀져 있는 불자의 마음을 열어주려고 하지만 그 노력만큼 느끼고 깨우쳐 나감이 적을 때 느끼는 나의 허탈감은 축제 뒤에 오는 허탈감보담도 길고 강하게 자리한다. 그리고 자기의 등이 어디에 있는지 확인하겠다는 통에 다른 일들을 때론 멈추게 할 때가 있다.

내가 밝히는 등이 어디에 있든 그 모양이 어떠하든 그것이 중요한 것이 아니다. 내 성의껏 내 힘껏 약속된 부분들을 공양 올리면 그것으로 만족할 줄 아는 마음자세가 아직은 길들여 있지 않다는 것. 내 이름을 내세우기 좋아하는 그 마음들을 확 털어 버리지 않는 이상 그분 곁으로 가까이 가고자 하나 아마 더 멀리 있음을 느낄 것이다.

오월은 님을 위한 우리들을 위한 축제가 있는 달이라서 그러

한지 바깥 세상은 힘들고 굶주림이 있다 하더라도 내 눈에는
그지없이 싱그럽게 보인다.
　연둣빛 잎새가 온통 물결을 이루고 바람이 그 곁을 스칠 때
마다 또 다른 모양으로 다가오는 모습. 이 오월에만 느낄 수 있
는 마음일 게다.

「97年 5月」

연꽃마을의 발원문

세원사에서 북쪽으로 눈높이만큼 고개를 들어보면 거긴 아직도 토목공사의 마름이 채 끝나지도 않은 대천 전문대가 보인다.

처음 기공식을 할 때 약간은 흥분된 마음으로 참석한 적이 있다.

대학이 하나 들어선다는 것은 보령의 문화 수준을 10년을 앞당길 수 있다는 것이고 또 가까운 곳에 배움의 꽃이 흐드러지게 피고 있다는 즐거움. 내가 직접 다닐 수는 없어도 그저 좋았다. 나는 건물이 조금씩 자리를 메워 갈 때 지나다 문득 들어가서 빈 건물을 보고 온 적이 있다.

완공되어 학생들이 모여 정식으로 문을 열 때 지역 주민들에게 완공의 소식을 알리지 않아서 너나할 것 없이 몹시도 서운했다고 한다. 서운함은 바로 관심이 있다는 표시이기도 하다. 어떠하든 내 관심은 저 캠퍼스에 간간이 목탁 소리가 울려퍼지게끔 해야 되겠다는 마음이었으니 딴 것은 별 관심이 없었다.

시작 학기에 학생들에게 은근히 동아리 형태를 물어보았지만 별 관심을 두고 있지 않고 초창기라 학생들도 어떻게 할지도 모르고 있었다.

학교측이나 교수측도 마찬가지였다. 그 속에 뛰어들어 불교 학생회를 만들자고 할 수도 없는 형편이었다. 불자들도 법회에 자기 아이 내보내는 것 별 관심 없어 하는데 자기일 바쁜 날들이 많은데 '그래 좋은 생각이요 한번 해 보십시오.'라고 하지는 않을 것이고 이런저런 생각에 '인연이 오겠지' 하는 쪽으로 내 마음을 굳히고 있을 무렵 불교에 귀의한 혜전대 심교수께서 은근히 혜전대 불교 학생회쪽으로 내 관심을 모으려고 했다. 왜냐하면 청소년 자원봉사센터에 대학생 영입으로 내 일을 덜어 보라는 뜻이었다.

나는 그랬다. 혜전대 쪽의 학생보다 대천전문대 쪽으로 가까이 들어갈 수 있는 기회를 포착하고 싶다고 했다. 내 의사가 심교수님의 제자를 통해 학교에 전해졌고 학교측도 이미 동아리는 형성되었는데 지도 법사 문제로 고심하고 있던 중 이심전심으로 전해져서 아주 자연스럽게 캠퍼스에 목탁 소리를 울리게 되었다.

나는 대천전문대 연꽃마을이라는 이름을 달고 생긴 불교 동아리 구성에 세 분의 불보살님(세 분의 교수님)의 힘에 고개 숙여 고마워하고 있다.

자기 제자가 다종교시대 불교와 스치는 인연이라도 맺어 사회로 환원시키겠다는 그 원력. "나는 불교인입니다."하고 떳떳하게 말하지 못하는 직장의 남성들. 아내는 불교인이지만 나는 무종교라고 말하는 불자 집안의 가장들. 참으로 보기 부끄럽기 그지없는 데 비해 얼마나 당당하고 떳떳한가.

초창기 학교라 여러 가지 업무, 강의, 출장 등으로 바쁜 나날들을 보내면서도 아이들에게 불심을 심어주고자 호주머니를 털어 간식비를 충당하는 모습. 나는 조건없이 그분들께 부끄러워하고 고마워하고 있다.

나는 아이들 포교에 큰 관심을 갖고 있다. 세원사의 작은 도량으로 보아서는 아이들보다 어른들이 많이 모이면 경제적으로 넉넉히 생활할 수 있지만 아이들은 끊임없이 투자하며 법회를 운영해야 하기 때문에 다들 회피하고 귀찮아한다. 그러나 나는 그렇게 생각하지 않는다.

가령 100명의 학생 법회가 운영되었다고 하자. 이 아이들은 이 배움터를 벗어나 인연 있는 곳으로 가서 부처님을 따르는 참 불자가 된다면 불교로서는 큰 수확이다.

눈에 보이는 세원사의 작은 이익에 연연해하지 않는다. 그 중에 100%가 불자가 아니 되더라도 좋다. 몇몇 능력 있는 지금의 세 분의 교수님처럼 불자가 있다면 내 힘듦에 큰 위로가 될 것이다.

청소년 자원봉사 법회도 매주 아이들을 나오게 하고 싶지만 공부를 많이 해야 하는 아이와 아이들 부모의 마음을 헤아리면서 한 달에 한 번으로 양보했다. 한 달에 한 번의 법회로 아는 것이 무얼 있겠는가마는 그래도 스쳐 지나가는 인연이라도 심어주고 싶기 때문이다.

오늘은 한 학기 종강파티를 했다. 엊그저께 창립 법회를 했는데 하는 아쉬움이 인다. 예쁜 만년필 하나와 아이들의 생각이 적힌 몇 개의 봉투를 선물로 받았다. 한 학기 동안 얻은 작은 보람을 만지면서 창립 법회 때 그들이 부처님 전에 발원한 발원문을 되새겨 본다. 정말 이러한 원을 가지고 살아간다면 병든 사회의 부분 부분을 이 아이들이 치료하고 메워 갈텐데 하는 마음이 깊은 곳에서 일어난다.

다음에 혹시라도 게으름을 피우는 아이가 있다면 그들이 발원한 발원문을 꼭 꺼내어 들려주고 싶은 생각에 그 글을 여기에 옮겨 적는다.

발원문

부처님, 서해안의 아름다운 해안가에 위치한 저희 대천전문대 여러 법우들의 뜻을 모아 연꽃마을 동아리가 출범하게 되었습니다.

한 송이 하얀 연꽃처럼 피어나기 시작한 저희들이 당신 앞에 두 손 모아 기도 드리오니 저희들의 조그마한 소원을 귀 기울여 주소서.

당신의 가르침에 경건히 머리 숙이옵나니 당신은 사람이 잘 살고 못 살고는 신의 뜻이나 운명에 의한 것이 아니라 각자가 짓는 업의 과보임을 설하시어 스스로의 의지로 자기 인생을 힘차게 열어 나가게 하옵니다.

끝없이 되풀이되는 생사의 괴로움을 두려워하는 사람에겐 그러한 괴로움도 근본원인은 각자의 마음속에 깃들어 있는 물질적 욕심, 진리에 대한 무지, 대립적인 식별에 있음을 설하시어 올바른 이해와 실천으로 그들을 차례로 멸하여 생사의 바다 건너 열반에 고요히 머물게 하옵니다.

그러나 열반에 머물게 하는 이러한 여러 가지 가르침은 머나먼 수행의 길에서 한때의 휴식을 주기 위함일 뿐 모든 부처님의 진정한 뜻은 뭇 중생에게 궁극적으로는 부처님과 같은 깨달음에 이르게 하는 데에 있노라고 당신은 설하시옵니다. 룸비니에서 태어나 쿠시나가라에서 열반에 드신다는 것도 중생을 가르치기 위해 짐짓 그렇게 설하실 뿐 실은 아득한 옛 겁에 이미 깨달음을 이루시고 중생과 더불어 항상 이 세상에 머무시며 더럽고 악한 이 땅에 부처 나라를 세우시노라고 당신은 설하시옵니다.

당신을 보필하는 여러 큰 보살님들도 깨끗한 땅을 버리고 중생 속에 뛰어들어 그들의 괴로움을 덜어줌을 보옵니다. 불교의 진정한 뜻을 더러운 땅에 피는 하얀 연꽃에 비기시는 까닭을 짐작하겠사옵니다.

저희들 어린 무리는 지금까지 숱한 종교와 사상의 어지러움 속에서 갈피를 못 잡고 방황하더니 이제 당신의 가르침을 만나 진리를 깨닫고 괴로움을 해결하고 인류에게 봉사할 참다운 길을 발견하옵니다. 덧없는 목숨에 고귀한 삶의 가치를 주게 된 이 환희 이 기쁨을 무엇에다 견주리까. 부모님 슬하 같은 당신의 영원한 사랑 속에서 저희들은 이제 외롭지 않사오며 믿고 의지하고 기도하고 참회할 확실한 의지처를 찾았나이다.

소망이 있을 때마다 당신을 부르나니 그 때마다 저희들의 착한 의지를 북돋워 주시고 괴로움이 있을 때마다 당신을 부르리니 그 때마다 저희들의 마음에서 번뇌를 여의어 주시고 편안함에 빠질 때마다 당신을 부르리니 그 때마다 지금 이 역사 속에 자랑스런 대천전문대의 연꽃마을을 이끌어갈 저희들의 사명을 일깨워 주옵소서.

당신의 한결같은 보살핌을 힘입어 저희들 연꽃마을 법우들은 깨달음을 구하면서 학업에 충실하고 부모에 효도하며 사회에 봉사하고 법회에 봉행하는 생활인의 불교를 닦아나가고자 하옵니다.

오늘 대천 전문대 연꽃마을 창립 법회를 계기로 저희들의 이 조그마한 뜻을 가꾸어 당신의 바른 법이 다시 이 땅에서 한 떨기 하얀 연꽃처럼 피어나게 하옵소서.

나무 석가모니불.

「96年 6月」

영축산, 꺼지지 않는 등불

초창기 몇 해 동안 통도사에서 발행하는 등불지에 수필을 연재한 적이 있다. 그 때 나는 첫 시집을 내고 두 번째 시집을 내기 위해 시심에 불타고 있을 때니까 수필을 연재한다는 것이 꽤 부담스러운 일이었다.

이름 때문에 그 부담스러움들을 극복하면서 순간순간 놓치고 싶지 않은 일상의 파편들을 이야기로 만들어 가는 데 최선을 다했다. 시를 구상하면서 그 시 자체를 소재로 잡아 정리하고 관찰하는 일들. 몇 해 동안 그렇게 하다 보니 한 권의 수필집을 꾸며 가는 데 별 어려움이 없었다.

시가 함축되어 뭔가 깊이 감추어 있는 듯한 느낌으로 독자에게 왔다면 너무 솔직한 것, 사물이 훤히 들여다보이는 것, 아주 친밀감이 흐르는 것이 수필이다. 간혹 나더러 시를 접어 두고 수필가로 나서라고들 하지만 시는 시대로 맛이 있고 수필은 수필대로 맛이 있다. 어느 한쪽을 접어 두라는 것은 내게 펜을 놓으라는 것과 같다. 시로 구상하고 나면 시어로 옮기고 시에서 더 자세히 나누어서 할 이야기들은 수필로 옮겨 두면 된다.

나는 세 번째 시집을 낸 이후로 정말 내가 시를 쓰고 수필을 좋아하는 것인가도 모를 정도로 외경계에 끄달려 원고지를 접어둔 채 바라보기만 하는 글쓰는 일에 순서를 잃어버린 사람이 되고 말았다. 이런 나의 감정을 어떻게 알았는지 다시 지면을 할애해 줄테니 글을 달라고 하면 사양을 하지 않았다. 시를 좋아하는 내게 수필을 쓸 수 있도록 불을 붙여준 것이 등불지인데 싶어 이번 계기로 잠재우고 있는 원고지에 꺼지지 않는 나만의 불을 붙이고 싶다.

불교에서의 등불은 바로 마음이다. 빈자의 일등도 순수의 마음을 표현한 것이다. 매년 부처님 오신 날이 되면 부처님은 이 사바에 불국토를 건설하시기 위하여 오셨다고 또 바른 깨달음을 열어주시기 위하여 등불을 밝히셨다고 한다.

불국토를 건설하기 위한 첫 번째 작업이 바로 마음을 정화하는 일이다. 그 마음의 밝음이 이루어지지 않는다면 불가능한 일이다. 『원각경』의 "일심이 청정하니 국토가 청정하다(一心淸淨, 國土淸淨)는 말씀처럼 우리가 살고 있는 이 사회 가정은 개개인의 마음으로부터 만들어지고 이루어지는 것이다.

나라 안팎의 살림뿐 아니라 개개인의 주머니가 요즈음 그리 넉넉하지 못한 IMF 시대를 누가 만들었는가. 바로 우리들이다. 우리들의 마음이 흩어졌고 그 모든 밝음들을 남용했기 때문이다. 마음에 불을 밝히는 것은 바로 깨달음이다. 그 깨달음을 얻기 위해서는 수행을 해야 한다. 수행은 출가 스님만이 하는 것은 아니다. 불성을 가진 모든 이들이 해야 하는 부분이다.

닦아 행하는 것은 행동이겠지만 매개체는 바로 마음이다. 마음이 바르게 움직일 때 행동이 바르기 때문이다. 통도사는 다른 본사와는 달리 마음을 바르게 닦아 길들여 갈 수 있도록 부처님께 약속하는 계단(戒壇)이다. 그 계단에서 수행자로서 처음 약속들이 이루어진다.

나 역시 통도사 금강계단에서 모든 계들을 수지했다. 대부분 사찰에서 법보지를 내거나 소식지를 낼 때 사찰의 이름을 따서 무슨 무슨 법보지, 소식지라고 하는데 통도사만이 그 이름을 따지 않고 '등불' 이라는 이름으로 월간지를 발행하고 있다.

계는 바로 덕목이다. 그 덕목을 바르게 이행한다는 것은 그것은 바로 등불이다. 부처님께서 밝히신 생명의 참 모습. 인간 존중의 정신과 평등을 실천하는 사람들을 인정하는 곳이기 때문에 '등불' 이라는 의미를 더 강하게 두고 있는 통도사 등불지는 이번 호로 100호를 맞는다고 한다.

작은 책자 한 권 만드는 일이 쉬운 일은 아니다. 읽는 사람은 아주 짧은 시간에 읽어 가겠지만 만드는 사람은 몸도 마음도 힘들기 마련이다. 주부들이 한끼 먹고 나면 다음 끼니를 어떤 식단으로 짜야만 온 가족 모두의 건강에 좋을까 고민이 부담스럽다고들 한다. 더욱이 월간지, 주간지 만드는 편집인들은 만들고 돌아서면 곧 닥쳐 올 다음 호를 위해 또 고민을 해야 한다. 또 전문지가 아니기 때문에 모든 사람들의 공감대를 형성해야 하는 어려움들이 있다. 나는 책 편집도 해보았고 만들어도 보았고 글도 써보았기 때문에 100호를 맞는 등불지의 능력에 찬사를 보낸다.

등불은 바로 우리들의 마음이다. 마음은 바로 삶이다. 삶은 일상을 잘 운전해야 한다. 때로 운전을 하다가 사고가 나겠지만 사고 시 그 원인을 분석하여 반복적으로 사고가 일어나게 하지 않기 위한 작업이 바로 수행이다. 수행은 바로 등불을 의미한다. 그 불이 꺼지지 않고 이 사바를 비출 때 그곳은 불국토이다. 거기에 깨달음이 있고 자유로움이 있다. 자유로움, 우리 스스로가 만들어 놓은 굴레를 벗기는 일이다. 그 굴레를 벗기는 것은 마음이 하는 일이다. 그 마음의 심지를 하나하나 올곧게 세울 때 내 주위는 평화로울 것이다.

다시 한번 크게 축하한다.

100호를 맞는 등불지에게.

구조조정이라는 미명하에 이루어지고 있는 대량 해고, 거리에는 실업자가 늘어나고 가정을 잃은 홈리스들이 늘어나는 이 어려운 시기에 등불지는 더 큰 등불이 되어 모든 이들의 의지처가 되어주길 바란다.

「등불」

또또, 축생의 몸을 벗길 바라며

　나는 오늘 여느 사람 같으면 그냥 지나치고 남을 일을 간절
하게 기도하는 불자를 만났다. 삼복 더위에 내 마음을 시원하
게 해주는 일이었다. 보기에 그리 열심히 절에 다니는 불자는
아닌 듯하고 인과법의 그 이치를 아는 것처럼 보이지는 않았지
만 기본적인 마음 자세가 아름다워 보였다. 물론 자기들의 마
음이 편안하기 위해서 하는 일들이기는 하지만 그렇게 마음 내
기가 쉽지는 않은 일이다.

　6년 정도 집에서 기르던 애완용 개가 모처럼 가족들 외식에
동참시켜 주지 않았다고 혼자 집에 있던 그 개가 몹시도 외로
웠는지, 아니면 자기에게 관심을 가져 달라는 투정인지는 모르
겠지만 그 집 가장의 요에다 오줌을 쌌다고 한다. 화가 난 주인
은 말 못하는 짐승이지만 이럴 수가 있을까 싶어 뭔가를 그 개
를 향해 던졌는데 그 개의 머리에 맞아 피가 흐르는 것을 보고
재빨리 병원으로 옮겼지만 결국에는 죽고 말았다고 한다. 본인
의 실수로 개가 죽었다는 자책감에 마음 불편해하는 부친의 모

습을 보고 아들이 나를 찾아와 개를 위하여 뭔가를 해주고 싶
다고 한다.

6년이란 긴 시간을 그 가족과 함께 생활하여 주인의 눈빛만
보아도 무엇을 하는지 아는 영특한 동물, 더욱이 만삭이 된 그
아내를 위해서라도 개에게 천도 기도를 해주자는 내 뜻을 그의
가족들은 흔쾌히 따라 주었다.

나는 절 집에 와서 처음으로 또또라는 애완용의 개 혼백을
위해서 기도를 해주었다. 물론 아침 저녁 축원문에 영을 가진
삼라만상에 안주하는 영가를 위해 축원은 하지만 이것은 내게
있어 또 다른 의미를 지니는 기도가 아닌가 하는 생각이다. 또
또의 천도재를 지내주고 나니 오대산 지장암에서 실제로 있었
던 다람쥐 49재 이야기가 떠올랐다.

다람쥐는 가을이 되면 온 산을 누비면서 양식이 될 만한 것
은 죄다 주워서 겨울 한 철을 지내기 위해 저장을 한다. 어느
날 포행을 하던 스님이 유심히 보니 다람쥐 한 마리가 도토리
알밤들을 너무나 부지런히 물어서 한 굴 속으로만 들랑날랑 하
는 것이 보였다. 궁금하여 다람쥐가 들랑날랑 하는 곳을 파보
니 이것 웬 떡인가 싶을 정도로 도토리, 알밤 등이 한 말 남짓
있었다고 한다. 도토리를 보니 그냥둘 수가 없어 도토리묵을
만들 요량으로 죄다 꺼내었다고 한다.

그 다음날 아침 섬돌 위에 벗어 놓은 그 스님의 신발 위에 겨
울 양식을 잃은 다람쥐는 새끼를 데리고 나와 그 고무신짝을

물고 죽어 있더라는 것이다. 이 광경을 목격한 스님, '이것 내가 너무 했구나' 하는 생각에 두문불출하면서 정성껏 49재를 지내주고 해마다 백중일에 다람쥐 위폐를 올려 꼭 기도를 해준다고 한다.

또 오대산 상원사에서는 고양이가 세조의 목숨을 건진 이야기가 있다.

상원사에서 병을 고친 세조는 그 다음해 다시 상원사를 찾아 법당에 참배를 올리고 있는데 고양이 한 마리가 자꾸만 옷소매를 물고 절을 하지 못하게 하였고 불상 앞으로 가지 못하게 하였다. 이를 이상히 여긴 세조가 밖으로 나와서 병사를 시켜 법당 안팎을 샅샅이 뒤지도록 하였다.

그런데 법당 불상 밑에 세조를 죽이기 위한 자객이 숨어 있었던 것이다. 왕은 그 자객을 처벌하고 자기의 목숨을 살린 고양이를 위한 밭을 하사하였다고 한다. 그것을 묘전(猫田)이라고 한다. 궁으로 돌아온 세조는 서울 근교에도 여러 군데 묘전을 설치하여 고양이를 키웠고 또한 왕명으로 전국의 고양이를 잡아죽이는 일이 없도록 명령하였다고 한다. 지금도 상원사 법당 앞 석등 옆에는 불상이 아닌 고양이 석물이 법당을 수호하고 있다.

나도 경험한 일이다. 대중에 살 때 일이다. 절 집에서는 쥐를 퇴치하기 위해 한두 마리 고양이를 기르는 것은 예사이다. 채공 소임은 고양이 먹이까지 챙겨야 하는데 짐승이라는 짐승은

다 싫어하는 내가 고양이 먹이도 잘 챙겨지지 않을 뿐 아니라 반찬을 만드는 동안 여기저기 기웃거리는 고양이를 예쁘게 볼 나도 아니었다.

고양이도 내가 자기를 미워하는 것을 알고는 가끔 내 신발 위나 이불에다 피 묻은 쥐를 갖다 놓기도 했다. 고양이는 자기를 미워하면 꼭 앙갚음을 한다는 이야기들이 거짓말이 아니었음을 알 수가 있었다.

참으로 영특한 동물이라 나는 무서워 가까이 하지도 않는데 고양이를 좋아하는 스님들을 보면 자비인지 향수인지 분간이 안 갈 정도로 이상히 여겨진다. 인간과 짐승은 말이라는 매개체가 없어 의사전달은 안 되지만 짐승은 짐승대로 분명 그 느낌이 있기 때문에 자기 감정을 느낄 수 있도록 분명히 나름대로 표현을 한다. 단순히 나보다 약하다는 것 때문에 그 생명 자체를 함부로 한다는 위험은 내 생명과 연관이 되는 것이다.

또또.

나도 한 번 본 적이 있다.

우연히 들린 그 집 가게 안에서 주인과 다른 내 모습을 보고 한동안 앙앙거리며 짖어 대던 모습, 머리엔 빨간 리본을 달고 있었던 또또. 그래도 또또는 주인을 잘 만났다.

이 삼복더위 제 몸을 보호한답시고 먹거리가 되었을지도 모르는데 주인은 또또와의 인연을 귀히 여겨 온 가족이 그를 위해 기도하는 모습, 비록 또또는 그 가족의 실수로 그 집을 떠나야 했지만 그 가족의 정성과 참 마음으로 분명 아무런 원한 없이 축생의 몸을 벗어났으리라 믿는다.

여름이 되면 영양탕을 즐겨 먹는 사람에게 경각심을 일으키게 하는 일이 되며 지나다가 영양탕이라고 적어 놓은 간판이라도 보게 되면 여름날 아름다운 마음을 가진 또또의 주인과 극락왕생했을 또또를 생각할 것이다.

「등불」

본연의 자리를 찾아서

오늘 장래의 희망을 서슴없이 스님이 되겠다고 말하는 아이를 만나고 왔다. 전생부터 닦아 온 불법의 인연의 열매가 여물어서 다시 발아(發芽)할 시기를 기다리는 아이, 그 모습은 매우 밝았고 의지가 있어 보였다. 정말 불법을 잘 택했다고 무릎을 칠 인연이 될지 아니면 와 보니 생각했던 것보다 다르다고 등을 돌릴 인연이 될지는 모르겠지만.

한창 세상 돌아가는 것에 재미있고 호기심 가득찬 눈빛을 가지고 있을 고2학년 나이에 그러한 마음을 낸다는 것 자체가 참으로 신선하고 반가운 일이다. 졸업 후 출가를 하겠다는 약조를 받아오면서 나는 내내 무어라고 표현하기 힘든 기쁨과 혼란이 쌍곡을 이루었다. 그 이유는 발심을 내는 아이 앞에 기성세대들이 보여주는 자리 다툼으로 얼룩져 있는 현 사태들을 어떻게 설명하고 이해를 시켜야 할까 하는 생각…. 솔직히 말해 요즘 웬만한 외출과 모임에는 나가기가 부끄럽다. 행여 현재 일어나고 있는 폭력의 사태에 대해 질문해 온다면 어떻게 하나

하는 두려움이 앞서기 때문이다.

내가 승복을 입었다는 것 자체가 참으로 부끄럽게 느껴지는
때는 바로 있어서는 안 될 폭력사태가 일어나는 이러한 때이
다. 그냥 두문불출하고 지내고 싶을 뿐이다. 누구에게 말한다
는 그 자체조차 겁이 난다. 내 말을 듣고 있는 그 사람들이 속
으로 어떻게 평가를 내리고 있을까 하는 두려움 앞에 법문조차
하기가 두렵다.

한 번은 보살님 한 분이 오셔서 나에게 이렇게 말했다.

"스님, 스님들은 법문하실 때마다 우리들에게 욕심을 버리라
고 하시면서 왜 스님들은 욕심을 버리지 못하고 부처님 도량을
아수라장으로 만드시는지 무지한 저는 이해가 되지 않습니다."
라고

이런 말들을 들을 때마다 할 말이 없다. 부끄럽기 그지 없는
일들이 매스컴으로 쏟아져 나올 때마다 가장 많은 피해를 입는
사람은 일선에 서서 홀로 포교를 하는 사람과 작은 사찰을 운
영하는 스님들일 것이다. 신도가 눈에 보일 만큼 줄어든다.

아무리 수행과 포교 중심의 종지종풍을 선양한다고 하지만
자리 잡힐 만하면 큰 사건을 일으켜 뒤엎는 격이 되는데 무엇
을 어떻게 포교하고 설법을 하라고 하는 것인지 도무지 납득이
가지 않는다.

한 사람을 불교신자로 만드는데 투자하는 시간이 얼마인지
생각하는 사람의 행동이라면 개인의 이익 때문에 함부로 할 수

없는 일이 아닌가. 물론 이러한 진통 속에 더 크게 성장하고 발전을 할 수 있고 또 시간이 지나면 어떠한 모양이든 나오겠지만 이제는 그 모양이 아무리 반듯하다고 할지라도 순수하게 받아들일 사람은 그리 많지 않을 것이다.

부처님 말씀 말씀 한마디를 실천하고 경청하려는 사람에게 모든 것이 감로수가 되고 의지처가 되어 주어야 하는데 "밥그릇 싸움"에 제물이 되는 것이 아닌가 하는 의문이 생긴다면 불교는 그 생명은 다하는 결과가 되고 만다. 아무리 찬란한 역사와 전통을 가진 큰 종교라고 하면 무얼 하나 그것을 받들고 수행하는 사람들이 탄탄하지 못하니 말이다.

서울에서 학교를 다닐 때 일이다.

나는 의지와는 상관없이 더불어 산다는 공동체 속에서 그때마다 종단을 바로 잡아가야 한다는 이유로 인원동원이 되고 총무원과 맞서서 싸우고 종로바닥에서 우리의 소리를 높여 보기도 했었고 종로경찰서 신세도 져 보았다. 그 때마다 순수한 열정으로 뛰어 보았지만 결국은 몇몇 사람의 밥그릇 싸움에 길을 닦아 준 결과밖에 되지 않았다.

우리들을 등에 업고 일했던 사람들이 반듯한 행정과 살림을 했다면 오늘 같은 일들이 적어도 되풀이되지 않았을 것이다. 불과 4년 전 우리들은 불교의 안팎에서 개혁을 부르짖을 그 때도 부정부패로 잘못된 종단이라고 말했을 뿐 아니라 그 개혁의 종단을 출범시켰던 스님들이 이제 비판의 대상이 되고 있으니 일선에서 힘없이 부처님만 믿고 일하는 우리는 무엇을 어떻게 해야 할지 혼란이 온다. 또 종단이 부패되어 이번에야 제대로 하겠다고 소리를 치는데 얼마를 견디어 줄지 불안한 심정으로 바라볼 수밖에 없다.

승려의 한 사람으로서 이렇게 혼란이 오는데 이를 따르는 재가불자의 마음은 오죽하겠는가.

나라살림뿐 아니라 절집 살림도 예년에 비하면 어려워지고 있다. 실직이 되고 어디엔가 의지를 하면서 살아가야 하는 불안한 불자들을 위해 자중하고 그들의 의지처로 남아야 하는 현실이다. 그것이 대승불교이고 참 불교의 실천이다.

누가 옳고 그르다고 말하기 전 우리는 지금 무엇을 하고 있나, 내가 아니면 이 자리 아무도 할 수 없다는 생각은 아닌지 본연의 자리에서 뒤돌아 볼 여유를 가지자.

함께 일하고 공부했던 도반 그리고 선배님.

잘못된 종단을 비판하고 시정해줄 것을 요구하면서 몸소 싸웠던 그 모습은 어디 가고 이제 종단의 중요한 위치에 있으면서 비판받는 사람으로 변해 가는 것은 웬말인가. 흉보면서 닮은 것이 아닌가.

동안거가 시작되었다. 내가 아니면 안 된다는 생각을 버리고 각자의 자리로 돌아가서 정말 수행이 무엇이고 종풍을 선양하는 길이 무엇인지 화두로 삼아보자.

「등불」

이제 그곳을 떠나 보십시오. 선배님

선배님,

올 겨울 들어 참으로 눈다운 눈이 내렸고 추위다운 추위가 왔습니다. 오늘, 겨울 내내 밀폐된 공기를 순환시키기 위하여 창문을 활짝 열어 보았습니다. 그런데 다른 계절에서 느낄 수 없는 상큼한 공기, 비록 따뜻함 속으로 몰려 오는 차가움이었지만 얼마나 신선했는지 구겨진 기분이 금방 환해짐을 느꼈습니다.

선배님도 기거하시는 방문을 한번 활짝 열어 보십시오. 차가움 속으로 몰려 오는 그 공기를 통하여 무언가 내면에서 움틀거림 하나를 발견할 수가 있을 것입니다. 왜 추운 날 창문을 열고 차가운 공기를 마셔 보라고 하시는지 그 뜻을 헤아릴 수 있을런지요.

선배님,

승자도 패자도 없는 이번 조계종 분규를 보면서 얼마나 마음이 구겨지고 상처를 입었는지 아십니까. 일선에서 묵묵히 불법

을 위해 최선을 다하는 스님, 정진에 모든 일생을 건 도반들의
아픔을 한번쯤 생각해 본 적이 있습니까?

　80년대, 스님이 종단을 생각했던 그 순수한 열정. 그 열정이
좋아 함께 일을 했던 적이 있었지요. 주위의 모든 도반들이 나
무랐지만 그래도 스님의 뜻이 좋았던 적이 있었습니다. 그러나
시간이 갈수록 스님은 개인의 욕심과 아집에 사로잡혀 모든 일
들을 권모술수로 해결하고자 했으며, 우뚝 서고 싶어하는 그
영웅 심리 때문에 많은 후배 도반들이 상처를 입고 스님 곁을
떠났습니다. 스님 곁을 떠난 많은 후배 도반들은 이번 사태도
스님의 작품이라고 한결같이 비판하고 질책하고 있습니다.

　절집 안에 크고 작은 일에 거의 빠지지 않고 스님의 불명은
오르고 있으며, 언론보도는 늘 스님을 요주의 인물로 지적하고
있습니다. 개인적으로 수단과 방법을 가리지 않고 스님이 높은
소리를 만든다고 하여도 그것을 경청할 사람이 없다는 것을 알
고 있는지요.

　선배님.

　항간에는 스님을 두고 불교의 위상을 실추시킨 장본인이라
고 하며 이것도 저것도 아닌 최후의 발악이라고 합니다. 한때
스님을 따르고 알았던 그 마음이 아주 저 밑바닥으로 추락하는
그 기분을 아시는지요. 스님을 안다는 그 자체가 매우 부끄럽
습니다. 물론 시골 구석에서 아무런 힘도 없는 내가 바라보는
시선이 옳다는 것만은 아닙니다. 하지만 스님을 직접 만나지

못한 10년 동안 일어나는 모든 사태를 보고 있노라면 누가 말하지 않아도 짐작이 됩니다.

선배님.

오래 전에 내가 선배님에게 지나가는 소리로 말한 적이 있지요. 수행자가 되어 보시라고, 자신을 갈고 닦는 일에 최선을 다했을 때 더 우러러 스님을 존경하고 중생을 위해 불교를 위해 중요한 소임을 맡아 달라고 하기 전까지 묻혀서 지내라구요.

선배님.

당신의 잘못된 사고와 판단으로 인해서 불교는 단 시간에 치유할 수 없는 상처를 남기고 받았습니다. 조금의 책임이라도 느끼신다면 지금도 늦지 않습니다.

내려 가십시오. 그리고 청빈의 자세로 마음을 비우고 닦아 가십시오. 재가불자들은 이 어려운 시기에도 절약 절약하여 복밭을 일구기 위해 보시를 하는데 스님들은 모여서 삼보정재를 무서워하지 않고 탕진하는 태도는 정말 이 회색 옷을 입을 자격이 없다고 생각합니다. 소유욕을 갖지 말라는 이 집안에서 탄탄한 자리 그것 얻어 보려고 온통 불교를 아수라장으로 몰고 갑니까? 그것을 얻어 무얼 하자는 것입니까?

선배님.

한걸음 물러서서 돌아 보십시오. 우리들 주위에 정말 불교를 위해 할 일들이 많습니다. 작은 일이라도 스님의 일이라고 생각하고 시작해 보십시오. 부숴버리고 깨뜨리고 상처내고 남을 모략하기 위해 삭발하고 염의를 입은 것은 아니지 않습니까.
누가 몰라 주면 어떻습니까. 지금이라도 늦지 않습니다. 내려
오십시오. 초발심 마음으로 겸허와 겸손을 익혀 가십시오. 스
님을 알고 있는 모든 사람들에게 스님을 알고 있다는 그 자체
에 환멸을 느끼고 부끄러움을 느끼게 하지 마십시오.

불교의 그 좋은 그릇에 담겨지지 않을 일은 하지 마십시오.
보이지 않는 곳에서 수행정진하는 눈 푸른 도반들을 만나 지치
고 오염된 당신의 영혼을 일깨워 가십시오.

선배님.

부디 부탁하오니 이제는 작고 큰일에 스님의 법명을 듣지 않
게 하여 주시고 참회하는 참다운 마음을 보여 주시길 바랍니
다. 만났을 때 서로 어색하지 않는 마음이었으면 합니다.

새로이 변화된 모습으로 만나고 싶습니다.

「등불 98年」

정토의 장

부처님 말씀이 그리고 스님의 설법이
아무리 훌륭하다 한들
그들의 가슴에 와 닿지 않는다면
아무런 소용이 없는 일이다.
우리에겐 그들 모두를
사랑으로 자비로 끌어 안고
21세기를 맑고 맑은 정토로
가꿔야 할 절대 절명의 의무가 있다.

미래의 나무를 심자

골프 하면 고급 스포츠로 통한다.

또 모든 운동은 상대를 이겨야만 승리를 한다. 그런데 골프
는 얼마나 자기 페이스로 잘 가느냐에 따라 승부가 결정된다고
했다. 누군가 말했다. 선사가 화두를 참구하는 것처럼 투혼력
이 강해야 하는 스포츠가 바로 골프라고 한다.

요즈음 장안에 박세리 골프가 화제이다. 그래서 어린아이에
게 골프를 시키는 부모들이 늘고 있다고 한다. 박세리를 돈이
되는 선수라 표현할 만큼 그는 20세의 어린 나이에 천문학적인
돈을 벌게 되었다. 물론 이것이 하루아침에 생긴 일은 아니다.

박세리, 미국 이민 시절 아버지를 따라 골프장에서 어프로치
샷을 흉내내는 것을 보고 아버지는 세리가 골프에 남다른 자질
이 있음을 인식하고 초등학교 6학년 때부터 골프의 본격적인
수업을 받을 수 있게끔 했다고 한다. 세리가 골프로 크게 성장
할 수 있다고 생각한 아버지는 생계를 부인에게 맡긴 채 모든
열성을 세리의 골프 지도에 열성을 쏟았다고 한다. 중학교 2학

년 때 한국 여자 오픈대회에서 좋은 성적을 올리지 못하자 매일 해가 질 때까지 퍼팅 연습을 시켜 제 6회 한국 여자 오픈과 제 4회 라일 앤 스코픈 오픈에 우승을 했다고 한다. 담력을 키우기 위해 투포환과 1백미터 허들로 하체 힘을 기르도록 했다고 한다. 아버지의 지극 정성으로 길러진 박세리의 승부 근성이 오늘의 이 영광을 주게 되었는지도 모른다.

국내에서 여자 골프로 박세리 적수가 없는 듯하여 그의 아버지는 삼성그룹의 후원으로 딸의 세계 진출을 위해 세계적인 골프 레스프로 데이비드 리드베터에게 딸의 지도를 맡겼다고 한다.

신문, TV, 사람들의 입에서 입으로 박세리 박세리 열풍이 지대하여 나도 그에 대한 관심이 생겼고 우연히 그녀가 하는 게임을 보게 되었는데 두려움이 없는 그녀의 자신만만한 태도에 큰 박수를 보냈다. 연못 옆 원 안에 떨어져 있는 공을 골프화와 장갑을 벗은 채 당당히 물 속으로 들어가 물 위에서 샷을 시도하는 그녀의 모습에서 어찌 20세의 나이를 찾을 수가 있겠는가. 골프는 기능이 20, 정신이 80이라고 한다. 참으로 대단한 일이다.

박세리도 박세리지만 나는 그의 아버지가 더 대단한 사람이라고 말하고 싶다. 자라나는 아이에게 그 아이에 맞는 적성과 소질을 찾아 그 길로 매진하도록 이끌어 주는 것이 부모의 할 일이고 바로 교육이다. 남들이 하니까 내 아이가 안하면 뭔가 빠진 듯한 기분이 있어 그 애의 소질이 무엇인지도 모르면서 몇 개의 학원 가방으로 등 밀어내는 부모는 아이에게 얼마나 큰 심적인 부담을 주는지도 모른 채 살고 있다. 자기의 소질과 상관없이 학교와 학원을 배회해야 하는 우리 아이들.

요즈음 어떠한 일이 일어나고 있는가.

의지가 약한 아이들이 걸핏하면 자살의 문턱을 택하고 아니면 약물복용 아니면 성인들 흉내를 내면서 많은 문제를 일으키고 있다. 이것은 더는 일어설 수 없는 용기와 의지가 없기 때문이다.

어른들은 무의식 속에서 아이들에게 일회용의 삶을 가르치고 있는 셈이다. 나는 청소년 포교를 하고 싶어 청소년에 관한 여러 가지 프로그램으로 그들을 만나러 다니고 있다. 나도 여기서 느낀 바가 많다.

자원봉사 일만 하여도 그렇다. 때론 힘든 일을 할 때도 있다. 그런데 그 힘든 일을 할 때는 아이들 숫자가 현저히 준다. 아이들도 아이들이지만 그 부모가 더 문제가 많다. 아이가 힘들다고 하면 그것을 왜 해야 하며 어려운 일도 해 보라고 그것을 이해시키는 것이 아니고, 힘드니까 그리고 곧 시험이니까 가지 말라고 하니 그 아이가 보고 배우는 것이 무엇이겠는가.

보령시만 하여도 그렇다. 사찰 수는 꽤 된다. 훌륭한 스님들도 많이 계신다. 허나 청소년, 어린이 포교가 전혀 이뤄지지 않고 있어 매우 안타깝다. 청소년들에 대한 관심을 불어 일으키고 싶어 의논 좀 하고 싶어 이곳에 사는 어떤 스님 한 분께 전화를 드렸더니 그 일은 스님이 좋아서 하는 일이니까 스님이 책임지라고 하는 말을 듣고는 기운이 빠져 한동안 멍한 기분이었다. 물론 대화의 실마리를 찾아 이해시키면서 가까이 다가갈 수는 있었지만 나는 찾아가지 않았다.

우리 불교계도 미래의 인재인 청소년들에게 많은 투자를 해야 한다. 최근 한국 갤럽이 발표한 종교인구 실태 조사에 의하면 불교가 개신교한테 그 자리를 넘겨 준 셈이 되고 말았다.

종교를 가진 인구가 46.9%인데 개신교가 20.3% 불교가 18.35% 천주교가 7.4%의 순으로 나타났다. 개신교의 경우 여기저기 교육관을 지어 적극적인 선교활동을 통해서 가장 활발하게 새로운 신자들을 불러모으고 있는 것으로 나타났다. 불교의 연령층을 보면 나이 든 사람이 많고 남자보다 여자가 많고 학력은 타종교에 비해 매우 낮은 편이다. 오래 전부터 걱정해 온 종교 인구의 뒤바뀜이 불교에 종사하고 있는 사람들에게는 현실로 다가온 셈이다.

종교의 세대교체. 이것은 그 동안 불교계가 적극적이지 못한 포교, 청소년을 위한 프로그램들이 많지 않았다는 것을 단적으로 보여주고 있는 것이다. 눈에 보이지 않지만 미래지향적인 종교의 조기교육은 바로 어린이 포교와 청소년 포교이다. 어린이와 청소년이 다가와서 만날 수 있도록 투자를 해야 한다. 그것이 실천이 되어질 때 불교는 그래도 제자리를 지킬 수 있을 것이다.

다스림을 하는 사람은

요즈음 내가 사는 이곳의 하늘도 서울 하늘만큼이나 맑지 못하다. 뭔가 반쯤은 덜 깨어있는 불투명함 때문에 푸른 숲들을 숲답게 바라볼 수 없을 뿐더러 유월다운 햇빛이나 별빛을 보지 못하고 유월을 보내야 할 것 같다. 하늘이 맑지 못해 간간이 짜증이 일기도 하는데 어수선한 거리는 더 짜증을 준다. 어쩜 어중이떠중이 다 모여 자기 이름을 더 날리고 싶은 욕망과 발악의 현주소인지도 모른다.

자기 이름 앞에 투철한 봉사정신과 지도자적 자질 또 공인으로서의 충분한 인격을 갖춘 사람이 있는가 하면 단지 그 이름 석자를 알리고 싶은 허망한 야심에 스스로 타협하고 착각하고 있다. 사람들은 관심조차 보여주지 않는데도 제 잘난 듯 마구잡이 홍보물이 집집마다 배달이 되는 것이 아닌가. 이것 또한 공해이다.

사람은 누구나 다 자기에 맞는 자리가 있는 법이다. 자기가 앉을 자리가 아닌데 그 자리를 탐하면 그것은 허수아비에 옷을 입혀 놓은 결과이다. 모든 것은 자연스럽게 순리적으로 이루어져야 한다. 자연을 어기고 겁 없이 덤비는 인간의 오만함은 결국 오만을 낳게 된다.

내가 사는 이곳도 예외일 수는 없다. 선거 바람이 어디서부터인지 불어왔다. 건너편 출마자들의 유세 확성기 소리에 귀가 멍해지는가 했더니 얼굴 한번 본적이 없는 사람이 찾아와서 공손하게 합장하는 그 야심을 나는 안다. 나는 그가 선거 이후 저렇게 공손하게 합장하지 않을 것이라는 것도 안다. 선거가 끝난 뒤 만약 낙선이 되었다면 그 후유증으로 찾아올 일도 없겠지만 당선이 되었다면 표를 갈구했던 그 굽실거리던 허리는 빳빳해질 것이고 목에 힘까지 주어 가면서 떵떵거리며 권력을 유세할 것이다. 그때는 오히려 내 쪽이 허리가 내려가게 될지도 모른다.

이렇게 쉽게 변할 수 있는 성질은 인간 누구에게나 있기 마련이고 또 용이하게 그때그때 써먹을 줄 아는 영악한 것도 우리 인간이다. 이러한 것을 두고 변소 갈 때와 나올 때의 마음이 서로 다르다고 했던가.

시민에게 봉사하겠다는 그 마음에 앞서 얼마만큼 자기 자신을 잘 다스릴 수 있는가가 문제이다. 또 한집안의 크고 작은 일을 아무런 잡음 없이 처리해 가는 사람이라면 그 지역의 대소사들을 아무런 잡음 없이 처리할 수 있을 것이다. 가정 하나 화합으로 이끌지 못한 그 정신, 그 마음으로 시민을 위해 무엇을 희생하고 봉사하겠다는 것일까. 이것은 민선 바람에 자기를 한 번쯤 과시하고픈 마네킹에 불과한 것, 가까이 있는 사람들이 더 잘 판단할 수 있을 것이다.

정치는 아무나 하는 것이 아니다. 타고나야 한다. 적어도 덕이 있는 사람이어야 한다. 그 덕으로 다스릴 수 있기 때문이다. 정치의 힘은 결국 권력이다. 그 권력의 힘을 시시때때로 발휘하여 권위적인 행사를 한다면 이것은 하나의 폭행이다. 부처님께서 팔만사천 가지 방편으로 중생의 아픈 곳을 치료했듯이 다스림을 하고자 하는 사람은 시민이 원하는 것이 무엇인지 먼저 알아야 한다. 맺혔으면 풀어주고 막혔으면 터주는 역할을 할 수 있는 지혜와 넓이와 폭이 있어야 하며 앞서 자신의 생각을 살필 줄 알고 자신의 행동을 살필 줄 알아야 할 것이다. 약간의 재물과 사회적인 지휘가 있다고 되는 것은 아니다. 시민의 대변인이 되어줄 만큼 공심이 있어야 한다는 것이다.

사람은 누구나 다 제 나름의 욕심을 가지고 있다. 더도 덜도 할 것 없이 공평무사하게 나누어주고 이로움을 처리할 줄 아는 마음을 가진 출마자라면 세상을 맡겨도 잘 다스릴 수 있을 것이다. 물론 털어 먼지 나지 않는 사람이 있을까마는 여기저기 붙은 현수막의 이름들을 보면서 그 사람의 됨됨을 생각해볼 여유를 가지는 것은 사상유례 없는 민선 바람 탓이다.

돈으로 표를 사겠다는 출마자, 돈으로 표밭을 얻었다면 그 지도자는 재임 동안 자기가 뿌린 만큼 주머니를 채우고 난 뒤

살림을 할 것이다. 그 살림이 튼튼할 수만은 없을 뿐더러 돈이나 물질공세에 신선한 한 표를 행사한 유권자는 그 지도자의 주머니 채우기에 한몫을 해준 셈이고 시민으로 누리고 싶은 것을 잃게 되는 셈이다. 얼마나 자기 자신에게 부끄러움이 많으면 돈으로 표를 얻겠는가. 유권자들도 한번쯤은 생각해야 할 것이다.

이제 며칠 뒤면 혼란스러웠던 거리는 제자리로 돌아갈 것이고 잘난 목소리들의 모습은 판가름이 날 것이다. 내 손으로 뽑은 지도자들의 역할이 다음 선거 때까지 얼마나 유효하게 살림을 해 나갈 것인가 눈여겨 보아야 할 것이다.

「불교세계 95年 6月」

자연의 표정

9월의 문이 열렸다. 고통의 8월을 저 멀리 밀어 버리고 맑은 하늘의 색깔을 더 맑게 치장을 하면서 말이다.

8월 최대의 폭우가 6백 63mm 쏟아지던 일주일 동안 빗속에 물 속에 쓸리는 들판만 바라보면서 생활을 정지시키는 듯 고독의 고립을 맛보아야 했다.

오전에 시청에 근무하는 아는 분과 이런저런 이야기를 나누던 중 엊그저께 시장님이 주민들과 함께 기우제를 지냈는데 그 영험인지 이제 비가 내리기 시작한다고 한 그날부터 연이어 쏟아 퍼부었다. 가뭄 해소 때문에 지낸 기우제가 때를 잘못 택한 것인지 기우제에 동참한 분들이 얼마나 민망할까. 하지만 이것은 자연이 인간에게 주는 법칙이니 거역할 수 없는 일이 아닌가.

사실 너무 가뭄이 오래 지속되어 면 직원들이 소방차로 식수 공급을 한 것도 엊그제 일이었고 뒷집 미영이네도 막노동으로 올해 새로이 논을 사들여 농사를 잘 지어보겠다고 아주 긴 호수로 물대어 주는 것을 본 것도 엊그제 일이었는데 지금은 그

물 때문에 상황이 완전히 달라졌다.

인간이 거대한 자연의 위력 앞에 무력할 수밖에 없었던 일, 그 참담한 심정은 눈으로 직접 보지 않고 겪어 보지 않았다면 실감할 수가 없을 것이다. 이번 비로 만세 보령 만만세를 부를 수 없을 정도로 피해가 무척이나 컸다. 대천천과 웅천천이 범람하고 비바람에 견디지 못한 가로수는 뿌리채 뽑혀 도로에 뒹굴고 변전소에 물이 들어가서 배전선로 이상 때문에 '제니스' 태풍이 오던 날 밤 보령 일대는 10시간 가량 암흑의 어둠 속에서 바람 소리와 비 소리와 싸워야 했다.

언제는 식수가 없어서 물 공급을 받았는가 싶을 정도였던 정수장들이 모두 침수되어 도시 전부가 며칠째 수돗물 공급을 받지 못한 난리난리 물난리를 겪어야 했다. 가옥이랑 도로 등은 시일이 걸려서라도 복구가 되겠지만 자식처럼 귀히 여기는 생계수단인 농작물을 하루아침에 잃어버린 농부에게 그 어떤 보상을 해준다고 하여도 그리 넉넉치는 않을 것이다.

재해보상은 늘 땜질식으로 눈가림만 해 줄 뿐 그때마다 피해를 보는 것은 농부이고 또 스스로 부담해야 하고 짊어지고 갈 빚들이다. 규정해 놓은 법규정들은 전혀 현실성이 없다. 그처럼 바른 법을 세우지 못하는 것은 논리와 이론에 입각한 높은 자리에 앉은 사람들의 좁은 안목 때문이다. 설사 그 법들을 뜯어 고치고 다시 개정한다 할지라도 산 경험이 없는 사람의 머리에서 나온다면 비현실적인 것이 어쩌면 당연한 것인지도 모른다. 그 분야를 바로 진단하기 위해서는 그 분야에 종사하는 사람의 의견을 충분히 수렴하여 그 경험의 현실성 여부를 판단하고 결정해야 한다. 단순히 가시적으로 보이는 것만 가지고 규정을 해버리면 그 규정을 말없이 따라야 하는 것이 힘없는 영세민이기 때문에 그냥 그대로 당해야만 하고 또 그 규정 때문에 실질적인 현실이 피해를 입는다.

재해보상 법규정을 살펴보면,

경작 규모가 2헥타아르 미만이면서도 농작물이 50% 이상 피해를 입었을 경우만 자녀의 수업료 면제 등 지원을 받을 수 있고, 경작 규모가 2헥타아르 미만이면서도 농작물 피해율이 50%를 넘지 않거나 50% 이상 피해를 입고도 경작 면적이 2헥타아르를 넘으면 어느 한쪽도 지원 대상이 되지 않을 뿐 아니라 축산 농가나 과수 농가는 그 혜택조차 받을 수 없는 실정이다. 그 외 농가들은 어디서 어떤 보상도 없을 뿐더러 빚만 잔뜩 짊어지고 가야 한다.

농사가 생계수단인 농민들의 한숨 어린 그 표정이 개인 하늘이 무색하리만큼 깊다. 인간이 자연을 극복할 수는 있어도 거역할 수 없는 것이기 때문에 자연의 표정에 따라서 기뻐하고 슬퍼해야 한다.

자연은 있는 그대로 보여 줄 뿐이지 무엇을 말하지도 않는다. 우리는 흙이 없으면 서지도 먹지도 못할 것이며 물이 없으면 마시지도 못하고 공기와 바람이 없으면 숨을 쉴 수가 없어

질식하고 말 것이다. 우리를 살게 하는 것도 자연이고 죽게 하는 것도 자연이다. 이 자연의 표정에 우리들은 수없는 이름을 붙이고 그 이름 앞에 수없는 의미를 주고자 한다. 자연은 우리들 곁에서 무언의 법문으로 많은 것을 주는 필수조건이기도 하지만 때론 자연으로 말미암아 입는 피해도 어마어마하다. 자연은 어느 날 평화로운 이곳에 예고도 없이 왔다가 한바탕 그 위력을 발휘하고 그 흔적을 많이도 남기고 갔다. 우리는 거역 없이 순순히 받아들이며 그 흔적들을 치유하고자 무던히 애쓰고 있다. 그것은 자연의 뜻이기 때문에 순리대로 받아들이는 것도 인간만이 할 수 있는 힘이며 인내인 것이다.

한바탕 폭우가 휩쓸고 간 뒤 웬지 길을 나설 수가 없다. 여기저기 산이며 들, 가옥들 그 모두가 상처 투성이기 때문이다. 우리 나라에서 최대의 강우량을 보인 보령, 그리고 내가 사는 이곳 주교면, 다행히도 세원사는 아무런 피해가 없었다. 늘 법당 뒤가 비 올 때마다 배수가 잘 되지 않아서 걱정이 되어 밤잠을 설쳐대기도 했는데 올 봄 그 시름을 잊기 위해 상당한 돈을 투자하여 크고 단단한 오석돌로 조경을 하고 배수관을 묻어 주었기 때문에 약간의 흙들이 내려와 수로를 메웠을 뿐 피해는 없었다. 또 건축업자의 상술 때문에 부실 공사의 흔적이 남아 비가 내릴 때마다 방천장에 물이 스며들었는데 그것 또한 이층난관 공사 덕분에 스며드는 곳이 없었다.

매스컴 보도 덕분에 평소 잊고 살아왔던 분들이 안부 전화를 해주어서 고마웠다. 이번에 쏟아지는 비를 보면서 인간에게 아무리 위대한 힘이 있다고 할지라도 자연의 위력 앞에는 반항도 대응도 할 수 없다는 교훈을 실감나게 받았다.

얼마 지나지 않으면 한가위이다. 농사의 시름도 잊고 조상에게 차례 지내고 가족과 친지들과 함께 덕담을 나누면서 지낼 한가위가 비 피해의 안부를 물어야 할 우울한 한가위가 될 것 같다. 허나 하늘이 뚫어져도 솟아날 구멍이 있다고 하지 않았는가.

「불교세계 8月」

검은 돈과 흰 돈

새파란 하늘에 부끄러움 없이 제 자태를 보여주는 가을 색들이 더러는 들판에서 더러는 산에서 더러는 가로수 밑에서 이루어지는 모습이 참으로 곱고 아름답기 그지없는 날들이다. 이런 가을날을 무색하게 하는 나랏님의 검은 돈에 대한 충격의 파문이 꽤 오랜 시간을 두고 아물지 못하고 있어 가을 하늘을 보고 가을 향기를 느끼는 것조차 마음이 무겁게 느껴지는 것은 나도 국민의 한 사람이기 때문이다. 권력의 과거와 현재, 미래가 눈 앞에 선연하게 보여지는 것은 인과응보라는 커다란 덩어리를 알기 때문이다.

만약에 나랏님이 인과의 법칙을 재임 동안 실천하고 알았다면 오늘 같은 일들을 만들지는 아니했을 것이다. 이 나랏님을 두고 신문의 만평은 이렇게 말하고 있다.

"군인으로 있을 때는 광주 사건을 비유해서 밀어 부쳤고, 그 후 대통령 후보자일 때는 '밀어주세요' 였고 권력자일 때는 '믿어주세요' 였다는 구호가 지금에 와서 '또 한번 믿어 달라' 고

하지만 아무도 믿지 않으려고 한다"는 어느 독자의 만평을 보고 단순한 만화가 아닌 그 깊은 말들이 한참을 맑은 하늘을 바라보게만 했다. 어디까지가 진실이고 어디까지가 거짓인지 매스컴들은 아주 큰 특종을 잡아 그것을 요리하는데 정신들이 없다. 늘 현 권력의 힘들은 저버리지 못하면서 그리 관심도 없는 국민들에게 큰일들이라고 난리법석을 떤다.

상상도 못하는 돈의 숫자들을 떳떳하게 발표하고 잘못된 것이라고 하지만 서민들을 우롱하고 기만하는 정권의 횡포가 오늘 어제의 일이 아니기에 누구쪽으로 유리하게 만들기 위한 연극으로 사건이 있을 때마다 처리되곤 하기 때문에 힘 없는 자는 어차피 쓰러지고 마는 것이 아닌가.

서민들을 잘살게 해주겠다고 약속을 하기 때문에 그냥 맡겨놓고 바라만 보는 서민들은 솔직히 먹고살기에 바빠 정치에 관심이 없지만 발표되는 어마어마한 돈의 숫자에 일할 의욕마저 상실할 뿐 아니라 특정인의 배를 채우기 위해서 산 것 같아 그 허탈한 마음을 채울 길 없다고 너도 나도 떠든다.

어떤 것이 검은 돈이고 어떤 것이 흰 돈이라고 규정하기에 앞서 재화는 분명 노동의 대가이다. 하늘에서 떨어진 것도 아니고 땅에서 그저 솟아난 것도 아니다. 오직 인간 개개인의 노동에 의한 결과의 산물이다. 이 산물은 바로 인간의 생명이기도 하다. 그래서 남의 것을 훔치는 것은 바로 이 생명을 훔치는 것이기 때문에 부처님은 살생 다음으로 도둑질이 큰 죄가 된다고 하셨다.

부처님께서는 열반에 드시기 직전 "내 가르침이 너희들의 스승이 될 것"이라고 최후의 유언을 하셨다. 여기서 가르침은 단순한 가르침이 아닌 바로 계를 말한다. 계는 우리가 살아가는 데 있어서 지켜야 할 올바른 가치의 기준이며 삶의 덕목이다. 재가자나 출가자 모두에게 올바른 삶의 방법을 제시하여 실천하고 화합하며 살아갈 수 있도록 제정해 준 가르침이다.

부처님께서 살생 다음으로 도둑질이 큰 죄가 된다고 하신 것은 모든 사람들이 서로 그물처럼 연결되는 연기의 구조 속에서 일정하게 생산되는 것을 어느 한쪽이 많이 갖게 되면 어느 한쪽은 적게 가질 수밖에 없을 뿐 아니라 생산도 하지 않고 노력하지 않는 사람이 많이 갖게 되는 것은 생산하고 노력하는 사람의 것을 훔치게 된다는 것이다. 이것은 우리가 표면적인 현상에만 집착하고 보이는 것에만 얼기설기 섞여 있기 때문에 나도 모르게 훔치고 있다는 사실을 모르고 있기 때문이다.

도둑질에 세 가지로 나누어 말하자면,

그 첫째는 '제가 훔치지 말라.'

이것은 생산하지 않고 남의 물건을 훔쳐 무위도식을 하면서 편히 지내는 것을 말한다. 먹을 것이 없고 치료비가 없어 훔친다면 이것은 개인에게 미치는 단순한 도둑질이지만 보다 더 즐기기 위하여 잘 살기 위하여 또 권력을 등에 업고 협박공갈로 남의 재물을 강취하는 것은 개인뿐 아니라 사회에 미치는 영향이 크기 때문에 큰 도둑의 의미를 두고 있다.

둘째로는 '남을 시켜서 훔치지 말라.' 조직을 만들어 아랫사람을 시켜 도둑질하고 장물을 취급하고 공직자가 뇌물을 받아 상납하는 것, 이것은 도둑질을 조장하고 배후조정하는 것과 다름이 없기 때문에 남을 시켜 도둑질을 하는 것이다.

셋째로는 '수단을 써서도 훔치지 말라.' 내 배를 채우기 위해 갖은 수단을 써서 남의 노동력을 착취하는 것, 투기나 도박 등을 말한다. 도박에는 잃는 사람이 있기 때문에 버는 사람이 생기며 이것은 요행수를 바라고 하는 일이기 때문이다. 도둑질에는 꼭 남의 물건을 훔치는 것만이 해당되는 것이 아니라는 것은 이를 두고 하는 말이다.

우리는 살아가면서 알게 모르게 도둑질을 하면서 살아간다. 도둑이 따로 있는 것이 아니고 누구나 다 도둑이 될 수가 있다는 것은 바로 도둑의 씨가 따로 있는 것이 아니라는 뜻이다. 알게 모르게 도둑의 표본이 된 돈이라면 즉 검은 돈을 흰 돈으로 만드는 것은 되돌려 주는 회향의 선행을 아낌없이 베풀어야 한다. 나누어 가짐으로써 그 무거운 업들이 가벼워지는 무주상 보시의 길을 찾아야 한다.

여기서 그 어떤 대가를 바라서는 안 된다. 대가를 바라지 않는 베풂이 바로 무소유의 가치이다. 내 것이 본래 없다는 생각과 내가 가지고 있는 것은 원래 내 것이 아니라는 생각으로 다시 되돌려지는 환원의 공덕을 닦아야 할 것이다. 대가를 바라지 않는 무주상 보시행이 이뤄져야 그 검은 돈을 흰 돈으로 만드는데 한 몫을 하게 될 것이다.

이곳 세원사에서도 연말이 되면 세금공제를 받고자 하는 불자들이 있다. 대가를 바라지 않는 무주상 보시행에 어긋나는 행위라는 것을 알면서도 피땀 흘려 노력한 월급들이 세금으로 많은 것이 부과되어 어느 특정인만을 배불리는 것이 잘못된 분배가 아닌가 하는, 그들에게 조금이라도 힘을 덜어주자는 생각에 보시한 만큼 그 내역을 써주곤 한다. 때론 한 번도 부처님 전에 시주도 하지 않는 사람이 찾아와서 그 내역서를 요구할 때가 있어 돌려보내기도 하지만 때론 거절하기 힘든 사정으로 시주금과 관계없이 써주곤 했다.

또 어떤 사람은 원하는 만큼의 액수를 시주하지도 않았는데 그 금액을 써달라고 하는가 하면 또 어떤 사람은 그 요구를 거절하고 그 금액을 삭제하여 써주면 자비를 가르치는 스님이 베풂이 없다고 원망하는 것을 보았다.

자기가 하는 것은 생각하지 않고 그저 바라기만 하는 심리 때문이라는 것을 알면서도 방편이라는 허울좋은 핑계를 앞세워 동업의 도둑질에 동참하게 하는 것이 아닌가 하는 생각에 이런 사람들을 볼 때마다 마음이 무겁다. 연말이 되면 종이 한 장에 일어나는 나의 갈등은 검은 돈과 흰 돈의 명세를 분명히 하고 싶기 때문이다.

누구에게나 과정의 이유는 다 있게 마련이다. 그 과정의 이유는 듣지 않으려고 하고 결과를 두고 판단하고 평가를 내리는 것이 우리들의 삶이고 현실이다.

맑기만 해야 할 가을 하늘에 서민들은 상상도 안 되는 돈 앞에 한숨을 내쉬며 과거 나랏님도 현재의 나랏님도 모두를 믿지 않으려고 한다. 현재의 나랏님이 아무리 결백을 주장한다고 하여도 믿으려는 사람은 없다. 현 권력을 안고 있다는 포장 때문에 더 우롱하고 있는 행위인지도 모른다. 노력하는 사람이 잘 사는 사회가 만들 수 있는 지도자를 우린 가려서 뽑아야 한다. 그 검은 돈이 또 검은 돈을 낳는 순환을 그쳐야만 할 뿐 아니라 선거라면 얻어먹는 의식부터 뿌리 뽑아져야만 한다.

「불교세계」

내 아이는 살생을 하지 않는가

　인간의 한평생 중 매우 중요한 위치를 차지하고 있는 시기가 바로 청소년 시기이며 이 시기를 과도기, 즉 폭풍우의 시기라고들 한다.

　이 시기는 인생의 근본이 되는 인격을 형성하는 시기이므로 가정, 학교, 사회가 힘 모아서 바른 것을 보여 주어야만 밝은 사회를 보장받을 수가 있다. 이 때에 바른 인성을 갖지 못하면 평생을 어두운 곳에서 힘들게 살아가기 마련이다. 가정에서 습득하고 체험한 것들을 수정보완하고 새로운 지식 습득과 바른 인격체를 형성하도록 도와주는 곳이 바로 학교이다. 그래서 청소년 시기는 배우는 시기이며 이 배움이 익고 다져지면 사회의 일환으로 그 힘을 발휘하게 된다.

　얼마 전 그들의 배움터인 학교 교실 안에서 그것도 점심시간에 한쪽에서는 밥을 먹고 한쪽에서는 괴롭힘을 참지 못해 동급생을 칼로 찔러 죽이는 사건이 일어났다. 어른들은 혀를 차고 말았겠지만 이것은 죽은 자와 죽인 자의 일만은 아니다. 이 사회의 공동체를 형성하고 살아가는 우리 모두의 일이다.

배움터로 아침에 도시락을 싸서 "학교 다녀오겠습니다." 하고 문을 나간 아이가 싸늘한 주검이 되어 돌아왔고 또 한 아이는 살인자라는 큰 멍에를 지고 어둡게 돌아왔다면 자식을 키우는 부모의 심정은 일러 말할 수 없을 것이다. 이럴 때 내 아이만 옳다고 주장할 것인가. 내 아이는 모범적이고 착하고 그럴 아이가 아닌데 잘못된 친구를 만나서 그렇게 되었다고 상대의 아이만을 나무라겠는가. 옳고 그름을 주장하기 전 그 아이들을 키워낸 가정과, 학교, 사회 모두가 책임감을 갖고 크게 반성해야 할 일들이다.

불교에서는 올바르게 살아가는 사람의 가치관을 기준으로 사는 윤리의 덕목이 있다. 그 덕목이 바로 계(戒)이다. 그 대표적인 계가 바로 오계이다.

불살생(不殺生), 불투도(不偸盜), 불사음(不邪淫), 불망어(不妄語), 불음주(不飮酒). 가운데 제일 큰 덕목이 불살생계이다.

아무리 작은 미물이라도 고의로 죽여서는 안 되며 자기가 죽이거나 남을 시켜 죽이거나 수단으로 죽이거나 죽이는 것을 보고 즐기지도 말라고 했다.

이것은 생명 그 자체가 바로 목적이기 때문에 수단이나 도구가 되어서는 안 된다는 것이다. 왜냐하면 하나의 대상을 있는 그대로 보지 않고 하나의 수단으로 봄으로써 생명의 존엄성을 망각하고 살생을 한다는 것이다.

생명 있는 것을 죽이고 피를 보는 것만이 살생이라 하지 않는다. 폭력으로 누군가가 공포에 떨고 협박공갈로 누군가를 핍박했다면 그 순간 순간이 바로 살생을 하게 되는 것이다.

이번에 죽은 아이와 죽인 아이 모두가 어릴 때부터 전통적인 윤리관을 중요시하고 생명의 존귀함을 일깨우는 불살생계를 몸에 익혔다면 피비린내가 나는 교실로 만들지 않고 대화로써 서로의 감정을 충분히 삭일 수 있었을 것이다.

학교 폭력이 어제 오늘의 일이 아니며 선생님이 학생 개개인을 쫓아다니면서 지도할 수 없을 뿐만 아니라 좀 불량한 학생이 있어 지도하기 위해 매를 들어 때렸다면 그 다음날 왜 우리 자식 때렸느냐고 항의로 다가오는 학부모가 있는 이상 점점 문제의 해결은 힘들어져 갈 뿐이다.

도시 산업화로 이룬 핵가족화는 지극히 이기적이고 자녀 중심적인 가정 교육과 최첨단 정보가 주는 지나친 매스컴의 범람 물질만능주의로 우리들이 키우는 아이들의 비행은 고도로 지능적이고 잔인하고 과감하며 포악해지고 있다는 사실이 이번 점심시간 교실 살인사건으로 증명이 되었다.

이런 청소년의 비행을 조금이라도 예방하고자 청소년 자원봉사센터를 이번에 세원사에서 문을 열게 되었다.

청소년들의 욕구들을 좋은 방향으로 발산할 수 있는 여가 활동의 일환으로 말이다. 청소년들이 꼭 갖추어야 될 인성 교육과 아울러 자원봉사를 통한 보시, 정신함양으로 건전한 청소년

기를 보낼 수 있도록 보탬을 주기 위해 문화체육부가 인정하는 사단법인 청소년 교화 연합회 보령지부로 활동의 문을 열게 된다. 이 글을 접하는 학부모가 있어 관심을 가져 준다면 적어도 보령의 청소년 문제만큼은 그리 심각하지 않을 것이다.

「보령신문 96年 3月」

팻말만 서 있는 보령의 문화회관

　　예산 산업대학 맞은편에 가면 박상균 한의원이라는 건물이 있다. 이 건물은 하나의 예술 작품이라고 하여도 손색이 없을 정도로 예산에서 돋보이는 건물이다. 건물 아래층은 한의원으로 사용하고 있는데 깨끗하고 산뜻한 인테리어는 환자의 잠깐의 휴식공간으로 편안할 뿐 아니라 늘 끊어지지 않는 저음의 음악 소리는 아주 마음을 편안하게 해준다.

　　그 병원 이층에 가면 책 마당이라는 조그마한 공간이 있다. 이 공간은 예산 출신 몇몇 젊은이들이 자비로 뿌리 있는 문화 고장을 만들고자 노력하는 곳이다. 내가 이곳과 처음 인연이 된 것은 다도강의를 청탁해 온 뒤부터이다.

　　이곳에서는 년 1~2회 문예회관을 빌려 대공연을 지역 주민들에게 제공하는가 하면 책을 보고 싶은 사람에게 책을 대여해주고 또한 풍물놀이, 단소, 가야금, 영화감상, 여러 가지 강의들을 보여주고 느끼게 하고 있는 봉사를 하고 있다.

　　이 건물의 주인인 박원장이 이 공간을 제공해주고 있는 셈이다. 여느 사람 같으면 건물 임대비에 눈어두워 감히 이런 공간을 쉽게 내어줄 수 없는 반면에 비해 박원장은 지역에서 벌어들인 만큼 지역에 환원하겠다는 그의 묵묵하고 변함없는 행동이 고마워 초대장을 보내올 때마다 나는 가능한 그 행사에 동참하고 돌아온다. 나는 다른 지역의 공연(남의 동네 잔치)에 갔다 올 때마다 마음 한쪽구석에는 약간의 불만과 허전함이 쌓인다.

그것은 내가 사는 이곳이 아닌 다른 곳이라는 점도 있고 내가 사는 이곳에 지역주민들의 문화충족을 줄 수 있는 공연장이 없다는 것과 아직 박상균 원장 같은 돈을 제대로 쓸 줄 아는 젊은이를 만나지 못했다는 것 때문이다.

사람은 돈을 벌어서 어떻게 유용하게 쓰느냐에 따라서 그 사람의 덕망이 보인다. 무조건 벌어서 저축만 하고 쓸 줄 모르는 사람이 있는가 하면 돈 냄새를 풍기면서 적당한 곳보다 사치와 유흥비로 소비하는 졸부들이 있다. 이런 사람에 비해 적당히 쓸 줄 아는 이 젊은이들의 사고방식이 얼마나 본받을 만한가.

대천 해수욕장에 가보면 어느 외국 관광지에 와 있는 것처럼 상당히 빠른 속도로 상술의 1번지로 변해가고 있음을 느낄 수 있다.

감정절제가 잘 안 되는 청소년들에게는 향락 퇴폐의 현장이 될 수 있고 탈선 지역의 요소도 가지고 있다. 물론 이곳을 찾는 관광객들에게 충족감을 주기 위해 온 힘을 쏟은 것은 지역경제를 살리기 위한 것임을 잘 안다.

물질적 풍요가 정신적 풍요는 될 수 없다. 선진화에 발 맞추어 가자면 문화 예술이 가장 먼저 발달되어야 한다. 왜냐하면 문화 예술은 민중의 의식 구조를 가장 잘 나타내어 주기 때문이다.

몇 해 전 이곳에 사는 몇몇 예술인이 문예회관 건립 계획 소식을 듣고 개인전을 열어 그 기금을 시에 위탁한 것으로 알고 있다. 나는 행정 일에 대해서는 잘 모르지만 시청 옆 빈터에 문예회관 부지라는 팻말만 눈에 뜨일 뿐 건물이 올라갈 낌새는 전혀 보이지 않는다.

관광자원 개발로 지역 경제의 활성화 걸음이 어느 정도 되었다면 이제는 정신적 자원을 개발할 수 있는 곳으로 문예회관 하나쯤 빠른 속도로 추진하여 지역민에게 문화의 충족감을 관광개발과 함께 나란히 주어야 되는 것이 아닌가.

경제적으로 어느 정도 다른 고을에 비해 활성화되어가고 있다고 할지는 모르지만 정신적으로 많이 낙후된 이 도시에 나는 기대를 모아 보겠다. 승복을 입은 나도 많은 사람들 틈에 끼어 멋진 공연 하나 보고 와서 그 느낌을 불교와 접목시키면서 법문을 할 수 있도록 말이다.

시장님, 시의원님, 이 지역 국회 의원님 표밭 공약으로 큰 사업을 내세울 것이 아니라 빠른 시일 내 공연장 하나쯤 마련하겠다는 공약은 어떠하신지요.

「보령신문 6月」

갯벌의 반딧불

나는 바다 가까이에서 살면서도 여름엔 바다에 잘 나가지 않는다. 피서철에 몰려오는 인파들 틈새에 나까지 합세하고 싶지 않은 마음도 마음이거니와 욕장 입구에 들어서면서부터 입장권 때문에 모처럼 마음놓고 바다 만나러 나온 기분을 망치기 때문이다. 잠시 잠깐 짬을 내어 손쉽게 가 볼 수 있는 공간이 욕장이기 때문이다.

한번은 여름에 욕장에 사는 신도 집에 볼일이 있어 갔다가 생각지도 않은 통과비, 즉 입장료를 내고 들어갔던 적이 있다. 입구에서 아르바이트생과 입씨름하다가 귀찮아 그냥 들어가기는 했는데 그 뒤에 오는 약간은 편치 않은 마음이 오래 갔다.

쾌적한 분위기와 관리를 위해 천연자원을 통해 지역 살림을 하겠다는 뜻으로 입장료를 받는 것까지는 이해하지만 지역민에게까지 받는다니 이것 너무한 것이 아닌가 싶다. 입구에서 주민등록증 제시로 완화할 수 없었을까 하는 아쉬움은 나뿐 아니라 한 번씩 발걸음했던 지역민은 모두 그리 느꼈을 것이다.

모처럼 날씨가 장마 속에서 햇살을 드러낸 탓인지 바깥 날씨
는 따갑게 느껴진다. 이런 날은 더 넓은 바다를 만나 보는 것도
괜찮을 것 같아 아침부터 잠깐 짬을 내어 다녀와야지 했는데
어쩌다 보니 하루해가 꼬리를 감추는 것이 아닌가. 그래 다음
날 시간이 되면 가야지 하고 포기의 마음을 먹고 있었다. 아는
분이 참배차 왔다가 내 이야기를 듣고는 밤바다도 좋으니 갯바
람 마시러 나서 보자고 하길래 동행했다. 동행하면서 나는 덧
붙였다. 모처럼 나서는 길이니 번잡스럽지 않고 입장권이 없는
한적한 바다가 보이는 곳으로 안내를 부탁했다.

남포 방파제를 따라 독산길을 지나가다 보니 부사방조제가
한적해 보이기에 여기서 잠시 바다를 만나자 하고는 방조제 위
로 올라갔다. 어둠 속에서 확실한 사람의 모습은 보이지 않지
만 이야기 소리가 들리곤 했다. 우리와 같은 마음으로 여기에
왔을까 하면서 어둠의 바다를 보았다.

간만 차이로 물이 빠진 갯벌은 당당히 그 속살을 드러내놓고
있었고 갯벌 위에 비치는 물빛은 하나의 보석처럼 반사되어 별
빛만큼 반짝이었다.

허연 속살을 드러내놓은 갯벌 위에 이상하리만큼 여기저기
서 개똥벌레의 꽁무니에서 반짝이는 불빛 같은 것이 보였다.
그 불빛 주위로 두런두런 사람의 소리도 간간이 들리기도 했
다. "저건 반딧불이 아닙니까?"하는 내 질문에 답변하는 동행
인은 "밀물 썰물 때 흔히 밤바다에 있는 전경인데 처음 보는가

보죠.” 하고는 반딧불로 착각하는 내 마음을 읽어 버렸는지 쉽게 말을 해주지 않았다.

어린 시절 전깃불이 그리 넉넉히 없던 그 시절에 호박꽃잎 속에 몇 마리 반딧불을 잡아 실로 호박잎을 꽁꽁 묶어 걸어두고 그 밑에 앉아 모기를 쫓으면서 여름밤의 정담이 있었던 그리움이 그 불빛으로 인해 새록해졌고, 어느 해 호주 여행길에서 본 큰 동굴 속에서 서식하는 수백 마리의 반딧불의 위력으로 동굴 속에서도 불빛 없이 배를 탈 수 있었던 그 빛은 별빛만큼 곱고 아름다워 내가 이름지어 주길 돌별빛이라고 했던가.

아무튼 여기저기 움직이는 그 빛의 정체를 알기 전까지는 나는 반딧불에 대한 추억들을 머리 속에서 찾아내고 있었다. 거기 부사 방조제 위에서 말이다. 헌데 그것은 내가 생각하는 반딧불이 아니고 조개를 잡는 후레쉬 불빛이라는 사실에 그만 아연실색을 했다. 해가 질 무렵 조개들이 밥하러 나오기 때문에 그때 강가로 가면 많은 조개를 잡을 수 있다는 할머니 말씀이 번쩍 떠오르는 것이 아닌가. 그 때 해지면 조개가 많이 갯벌 위로 나온다지. 그것조차 자유를 주지 않고 후레쉬 불빛까지 동원하여 잡아가야 하나 싶어 모처럼 입장료 피해 간 마음이 더 무거웠다. 여기저기 인간들 때문에 수난을 겪는 자연은 한없이 주기만 할 뿐이다.

여기도 저기도 이제는 바다에 나가는 마음이 예전과 같지 않다.

「보령신문 7月」

예산에 가면 거기 책 마당이 있소

똑같은 시간을 가지고 그 시간을 얼마만큼 유용하게 쓰느냐에 따라 사람의 향기와 질적 수준을 느낄 수 있다.

여가가 주어졌을 때 그 여가를 활용할 줄 아는 사람 그 사람은 보나마나 자기의 삶을 가꾸어 나가고 만들어 가는 사람들이다. 누구에 의한 즐거움이 아니라 자기를 위한 즐거움을 스스로 만드는 것이다.

살아가다가 이런 류의 사람들을 만나면 난 두 손을 꼭 잡아주고 싶다. 말을 하지 않아도 느낄 수 있는 예지(藝知) 같은 것으로 통할 수 있기 때문이다.

내가 만난 책 마당의 사람들은 바로 자기에게 주어진 그 여가를 제대로 활용할 줄 아는 시간의 소중함을 일깨워 가는 사람들이다.

위가 비면 우린 의식적으로 뭔가 먹어야 하고 위를 채워야 어떤 일을 할 수 있듯이 정신적 빈곤, 여유의 빈곤에 자기의 삶을 스스로 윤택하게 만들지 못한 사람들에게 그 기회를 부여해

주는 데 동참하는가 하면 자기들이 태어나고 또 뿌리 내리고 살 그 고장에서 작은 것에서 큰 것에 이르기까지 상당한 포용력의 감지(感知)로 예산의 거리거리를 채워 가는 책 마당의 젊은이들이 있는 한 예산은 다른 도시에 비해 밝은 빛살이 보인다.

책 마당이라는 그 이름조차 넉넉히 가슴 뿌듯이 파고드는 느낌이다. 우리가 말하는 책이라는 것은 어떤 생각이나 사실을 글이나 그림으로 표현하여 꿰맨 물건을 말한다. 아무리 좋은 글귀라도 종이 한 장 한 장으로 나누어져 있다면 그것은 종이 위의 글이지 책이라고 하지 않는다.

예산 사람들의 생각과 행동으로 묶어진 지역을 일구어 가는 참사람들이 묶어놓은 그 책들은 참으로 볼거리가 많다.

예산의 독특한 질감을 표현하는 풍물패 아사달, 미래의 안목을 키워주는 열린 대학, 문학을 토론할 수 있고 창작까지 할 수 있는 시, 샘, 등등 제목만큼이나 뿌리깊은 이야기가 그것도 가장 일상적인 생활을 통한 꿈들을 현실에 걸맞게 표출하는 데 한몫을 하고 있다. 모두의 가슴에 이러한 다양한 이야기들이 새롭게 펼쳐질 때 그것은 바로 우리가 읽어 두어야 할 양서임에 분명하다. 늘 가까이 두고 대대로 예산 사람들에게 물려 줄 수 있는 책이다.

이러한 책들이 늘 예산에 있는 한 예산(禮山)은 예산이 아니라 예산(藝山)으로 내겐 기억될 것이다.

나와 인연한 책 마당 가족에게 늘 격려를 보낸다. 체험적 문
화를 지향할 수 있도록 말이다.

「책 마당 96年 8月」

삶과 질

임동창 씨, 장사익 씨가 펼치는 공연을 작년 이맘 때 예산에서 보고 한번쯤 이곳에 유치해 봄도 좋을 것 같다는 생각은 일어났지만 솔직히 말해서 엄두가 나지 않았다.

공연이 내가 보기에 흐름이 좋다는 이유 하나만으로 다른 사람에게 얼마만큼 설득력을 가질 수 있을까 하는 것부터 시작해서 공연을 할 수 있는 공연장, 또 관객동원과 비용이 큰 문제로 대두되었다.

이 세 가지 문제를 두고 일어나는 여러 가지 생각들이 멈추어지지는 않았고 그 문제해결의 방법을 안고 용기를 얻을 수 있었던 것은 늘 그래 왔지만 내 뒤에는 언제나 부처님과 신도님이 있다는 것이 큰 힘이 되었기 때문에 시작할 수가 있었다.

공연장 문제는 쉽게 해결할 수가 있었고 또 비용도 스폰서로 어느 정도 충당할 수가 있어서 다행이었는데 그날 공연이 시작될 때 관객이 없으면 어떻게 하나 내내 마음을 졸일 수밖에 없었다. 왜냐하면 순수하게 공연이 좋고 뜻이 좋아서 표를 구입한 사람도 있었겠지만 아는 사람 얼굴 때문에 마음에 없는데도 구입할 수밖에 없었던 관중들을 믿을 수 없었다. 표는 거의 연줄 연줄로 강매로 했었고 또 그리 해야만 일을 성사시킬 수 있기 때문이다. 또한 표를 강매해서라도 일단 보여주고 그 표값에 대한 값어치의 흥정은 자신이 느낄 수 있을 것이라 할 정도로 나는 두 사람의 공연을 대단하게 생각한 것도 또다른 이유였다.

내가 관객동원에 신경을 썼던 것은 기대했던 학생측에서 먹혀주지 않아서였다. 한쪽에서는 아직 보령시민과 학생들이 이런 문화들을 접해보지 않아서 이러한 현상들을 피부로 느낀다고 하지만 나는 결코 실망은 하지 않았다. 예매처에서 그래도 관심 있는 분들이 있었기에.

공연 시작 시간까지 나는 내내 이 문화의 자리에 의식 있는 시민들이 얼마만큼 참여도가 있을까 하는 생각에 자리에 편히 앉아 있을 수 없었다. 시간이 차 오르자 내 걱정을 뒤엎은 관객들의 모습을 보고 제자리 앉아서 두 사람을 위해 긴 박수를 칠 수 있는 여유를 가질 수 있었다.

공연은 성공리에 마쳤다. 이것은 내 개인의 힘만은 결코 아니다. 크게는 부처님, 그리고 불자님들의 관심도가 높았기 때문에 멋진 공연을 치룰 수가 있었다. 이 가을에 보령시민에게 문화적인 관심도를 높여주는 데 그 하나의 몫을 세원사 신도 중심으로 모든 불자님들이 해냈다.

부처님 법이 꼭 법당에서 기도하고 염불 외우고 경전 읽는 데만 있는 것이 아니다. 대중 모두가 잠깐의 시간이라도 편히 즐거움을 함께했다면 그것이 바로 부처님이 설하시고 원하시는 큰 불교의 지름길이 될 것이다.

　내 개인 일을 늦추더라도 모두가 더불어 함께할 수 있는 길
이 있다면 우리 모두는 언제나 동참할 수 있는 마음의 자세가
되어야 한다. 이러한 마음 씀씀이가 바로 부처님 법을 제대로
실천하는 보현행자일 것이다.

「세원법보 96年 10月」

치유할 수 없는 불행

장마가 시작되었다.

장대비가 연이어 내리기 시작하니 그리 만만치 않은 장마가 시작되는가 보다. 5년이 채 되지 않은 건물이 비올 때마다 샌다면 분명 그것은 부실 공사인 것이다. 이런 공사의 후유증을 건물이 없어질 때까지 안고 살아야 하는 마음은 그리 편안하지 않다.

긴 장마 때마다 법당 지붕이 새어 이번에 보수를 했다. 그 보수를 끝내는 날 장마가 시작되어 얼마나 고마운지 모른다. 사람은 자기 손으로 집을 세 번 정도 지어 보아야 제대로 된 집을 얻을 수 있다고 했다. 그런데 그것도 혼자의 마음이지 집을 맡아서 짓는 업자가 진실하게 지어주지 않는다면 거듭 실패를 하기 마련이다.

나는 세 번의 집을 지어 보았다. 한 번은 빈터에 대충 비바람만 피할 수 있는 가건물을 지어서 살다가 두 번째 조금은 반듯한 집을 지어보겠다고 시주를 하고 온 정성을 쏟아 보았다. 세상 물정 모르는 스님이라고 대충대충 눈가림으로 지어 진 집이라는 것이 얼마 가지 않아서 여기저기서 발견이 되어 많은 후회를 한 적이 있었다. 처음 집을 짓겠다고 했을 때 업자를 진실한 사람으로 만나야 한다고 다들 경험이 있는 이들이 한마디씩 했다.

내가 업자 선정을 못하고 이런저런 생각을 하고 있을 때 내가 잘 아는 이가 사람을 소개했다. 자기 건물도 지었고 아버지가 수덕사 신도회장까지 역임한 불자라는 말에 나는 다른 생각을 모두 거두고 그래 불자라면 진실성이 있겠지 하고 집을 짓게 했다.

공사 과정에서 내 뜻과는 상관없이 몇몇 일들이 이루어져서 몇 번 얼굴을 붉힌 적이 있지만 웬만하면 지켜보는 입장에서 묵묵히 있을 수밖에 없었다.

완공된 집이 2년도 채 되지 않아 부실의 흔적이 있어 몇 번 찾아가고 보수를 요구했지만 그 때마다 그는 불자가 아닌 완전한 업자의 자세로 거짓과 모순으로 순간 순간을 회피하길래 결국 나 스스로 그 사람에게 매달리고 요구하는 것을 포기했다. 그 사람에 대한 불신감, 그리고 소개를 해준 사람도 내가 한마디 할 때마다 얼마나 마음이 무거웠을까 하는 생각이었다.

이번에 요사채를 새로이 증축하면서 기와보수까지 했다. 너무 사람을 믿은 탓에 들어가지 않아도 될 돈의 낭비가 무서웠다. 어떤 형식으로든 내 수중에 들어온 돈은 내 것은 아니다.

부처님 그늘에서 생긴 돈 내가 잠깐 보관하는 시주의 돈일 뿐이다. 그 무서운 돈을 챙길 대로 챙기고 성실하게 시공하지 않은 그 과보를 믿기 때문에 더 이상 상대할 필요가 없는 사람이라고 알았기에 나는 그에게 아무 말도 하지 않았다.

가끔 들리는 소문에 의하면 그는 자기 지역에서 계속 공사를 하고 있다고 한다. 아마 이런 식으로 공사를 한다면 그 생명이 그리 길지는 않을 것이다. 나는 건축을 하든 물건을 사든 그리 깎는 성격은 아니다. 먹을 만큼 먹고 최선을 다하라는 의도에서이다.

장사를 오래 한 이웃이 내게 말하기를 물건을 사고 팔 때 물건값을 잘 깎는 사람에게는 값을 더 불러서 깎아주는 듯 선심을 써주면 아주 싼값에 사는 줄 알고 좋아한다고 했다. 깎지 않는 사람에게는 받을 만큼 받기만 한다고 했다.

건축도 마찬가지다. 견적이 나와 값이 결정되면 나는 깎아서 하자고 하지는 않는다. 값을 깎아서 시작하면 결국 먹어야 할 돈이 약하기 때문에 대충 좋은 자재가 아닌 것들로 눈가림을 하게 마련이다.

허나 이런 나의 마음과는 상관없이 지은 지 5년도 되지 않은 건물이 여기저기 손보아야 할 것들만 눈에 뜨이니 잘못된 원인 규명을 할 방법이 없다. 건물은 다른 것과는 달라서 자기 이름과 명예를 걸고 지어져야 한다. 잘못된 건물이라면 그 건물이 없어질 때까지 그 사람을 원망하는 마음이 생기고 그 원망하는 마음이 쌓이면 그 사람 또한 좋을 일이 없다.

　이것은 미래를 알지 못하고 지금 당장의 이익금에 눈어두워 영원히 치유되지 않는 불치병으로 만들어 놓은 셈이다.

　하나의 집이 완성될 때까지 여러 기술자의 정성과 마음과 손길로 이루어지는데 하나가 잘못이면 다 망치게 되는 꼴이 된다. 원망하는 마음이 생기지 않고 고마운 마음이 생길 수 있도록 모든 것이 이루어진다면 사람과 사람 사이 불신하는 마음은 적어도 생기지 않을 것이다.

　집이라는 것은 소모품이 아니기 때문에 그 일을 맡아서 하는 사람은 더 성실히 시공해야 할 것이다.

「한내문학 97年 8月」

늘 푸른 농촌 마을을 다녀와서

사람이 한평생 이름을 걸고 살아가기란 그리 만만치 않다. 각양각색의 모습을 가지고 저마다의 삶을 이끌어 간다.

그 많은 모양이 다른 삶의 모습에서 다행히도 나는 불법을 만날 수 있어 좋고 또 문학적인 감수성이 조금은 있어 큰 위안이 될 뿐 아니라 때론 이러한 것들이 내 생애 작은 희열을 안겨다 주기도 한다.

매일 매일 깨어 있어야 하는 구도자의 삶.

선지식을 따로 만날 수 없을 때 읽을 수 있는 꺼리와 쓸 수 있는 꺼리들이 작품의 모습으로 다가올 때의 기쁨은 결코 홀로 살아감에 홀로가 아닌 큰 힘으로 나를 감싸주곤 한다. 그렇다고 대작을 남긴 시인도 아니고 누가 기억하고 알아주는 그런 시인도 아니다. 나 스스로 시인인척 하면서 내 분위기에 취해 사는 그런 모습뿐이다.

다만 생활의 파편들을 그냥 놓치고 싶지 않을 때 승화시킬 수 있는 힘을 빌려 만인의 위안처가 된다면 구도자로서의 큰 힘이 아닌가.

시인이기보다 구도자라는 명분에 더 충실하려고 한다.

우리 주위에는 많은 작가와 작품들이 산재해 있다. 빛을 보지 못한 작품들은 그 작가만 좋아하다가 사라지고 마는 것이 허다하다. 한 작가의 사상적 가치는 작품으로 대변하기 마련이다. 대표작이 없는 한 작가가 아무리 많은 작품을 써놓았다고 하여도 읽혀지지 않는다면 그 작품은 생명력이 없을 뿐 아니라 그나마 작가가 이 세상에 없다면 자연히 묻힌다. 허나 이름이 좀 나있는 작품이 있는 작가는 세상을 떠나도 그 작품들은 살아서 우리 곁에 있기 마련이다.

나는 어느 곳이든 지나게 되면 혹시 그곳에 공부가 될 만한 곳이 있는가 하고 두루 살펴보곤 하는 습관이 있다.

어느 해인가 강원도 오대산 쪽으로 가다가 근처에 그 유명한 '메밀꽃 필 무렵'의 주무대인 이효석 선생 생가 마을이 있다기에 찾아간 적이 있다.

평창 봉평 마을에서부터 남안동 생가까지 이어지는 메밀꽃 고운 자태가 가을 하늘과 어우러져 참으로 볼 만했던 하얀 메밀꽃 그 곳에서 또 한번의 메밀꽃 필 무렵의 소설은 살아서 내 머리를 스치고 또 스쳤던 기억이 난다.

하지만 전남 강진읍에 있는 영랑 선생의 생가에서는 모란이 뚝뚝 떨어지는 시 귀가 떠오르지 않았다. 집 뒤뜰에 단 몇 그루의 모란꽃만 피워주었을 뿐이다. 다행히도 올해부터는 강진군

비로 영랑 선생의 생가에 3백 그루의 모란꽃을 심어 이곳을 답사하는 이들에게 모란꽃이 피고 뚝뚝 떨어지는 것을 연상케 해 준다고 하니 모란이 한창 필 때 그 정취를 맛보려면 일부러라도 꼭 가서 영랑 선생의 문향을 맛보고 싶다.

얼마 전 서산까지 볼 일이 있어 갔다가 당진 문학 나룻배 회장직을 맡고 있는 김규환 선생을 만나기 위해 당진까지 간 적이 있다. 당진에는 『상록수』의 주무대가 있다고 하길래 그곳까지 안내를 부탁했다. 이름에 비해 초라하기 그지없는데 실망이라도 하지 않을는지 하면서 김선생님은 앞장서 주었다.

심훈 선생은 만해 한용운 선생 못지 않은 훌륭한 대 작가이다. 35년의 짧은 생애를 마쳤지만 소설, 시, 영화 평론까지 집필할 수 있었던 문학의 대열정과 3·1운동에 참가할 정도로 애국자이시다.

그분이 생존해 있었을 때 만날 수 없었던 인연, 지금이라도 그분의 문향적 흔적에 거쳐갈 수 있는 인연이라도 심어 둘 수 있다는 것에 마음이 설레이기까지 했다. 당진읍에서 한참을 달려가다 보니 송악면 부근에서부터 선생의 향취가 다가오기 시작했다.

상록초등학교 동창회 플래카드가 초행길인 내 눈을 끌었고 초등학교 뒤쪽으로 한참이나 열려져 있는 비포장도로에서 옛날 그 옛날에는 아주 깊은 두메 산골임을 느낄 수 있었다. 그 포장길 따라 오른쪽으로 보니 '늘 푸른 농촌마을'이라는 팻말이 보여서 여기가 상록수를 탄생시킨 곳이라는 것을 알 수 있었다.

옥고를 치르고 이곳에 내려와 4년 동안 기거하면서 상록수를 집필했던 이곳. 관리 소홀로 초라하기 그지없었다.

그분의 장조카가 관리해 오다가 그분마저 세상을 뜨고 나니 더 엉망이라고 내내 안타까워하시는 김선생님, 심훈 선생이 직접 설계하고 손수 지었다는 필경사는 문이 꼭꼭 잠겨 있어 내부는 볼 수 없을 뿐 아니라 군수 이름으로 새겨진 시비의 초라함은 겨우 찾는 이들의 눈가림으로 만들어져 있었다.

최근에 새로 지은 듯한 유물관은 건물모양새는 구 시대의 건물 양식으로 고증도 감각도 없이 덩그러니 있을 뿐이고 유물관 앞마당에는 운전교습 장소를 방불케 하는 S자 T자가 흰줄로 아예 자리하고 있는 것이 아닌가. 관에서 관비로 투자하여 지었다면 충분히 그 값어치를 발휘할 수 있게끔 관리해야 하는 것인데 이렇게 방치해 두는 행정. 문학을 좋아하는 사람으로 안타깝기 그지없었다.

한 번쯤 다녀가는 사람들의 입에서 그곳은 가볼만한 곳이라고 모두에게 권유한다면 당진군은 그 자리에서 상당한 관광 수입으로 살찌울 수 있는 일인데 그 자원을 활용 못하는 행정의 속셈이 무엇인지 모르겠다. 늘 푸른 마을 이름이 부끄러울 정도로 정리가 안 된 그곳을 다녀오면서 실망하실텐데 하는 김선생님의 말들을 이해할 수가 있었다.

그 옛날 심훈 선생이 계실 때는 문향적 정취가 무르익어 많은 문인들의 발걸음이 이어졌을 것이다. 필경사 앞에 펼쳐진 넓은 들판 너머로 보이는 바다. 선생은 가끔 창문을 열고 바다 위로 떨어지는 시어들을 줍기에 바빴을 것이고 선생이 손수 심었다고 하는 향나무의 싱싱함이 선생의 혼백을 담은 듯 물차오르고 있었다. 한 시대의 인물의 사상적 평가를 그 후손들이 좀더 넓은 안목으로 관찰하고 연구한다면 아마도 후손들에게 더 없는 정신적인 자산이 될텐데 말이다.

느낌이 없는 강의

　이곳에서 좀 떨어진 서산 고북 중학교에서 아이들 눈동자도 느낌도 보이지 않는 강의를 하고 왔다. 연합고사를 치르고 난 학생들에게 무언가 주고싶어 하는 학교측의 성의. 대입 고입시험이 학년을 완전히 마치고 치르는 것이 아니고 얼마의 시간을 남겨놓고 시험을 치르기 때문에 졸업 때까지 그 짜투리 시간을 활용하자는 의도에서 학교측의 아량에 따라 평소 모시고 싶은 분들을 모셔서 학생들에게 강의를 듣게끔 해준다. 수업 지도에 흥미를 잃은 아이들에겐 신선한 감이 있어 좋고 선생님들에겐 대신 수업시간을 메워주니 좋은 현상이다.

　어느 해이던가. 수덕사 교양대학 때 불교와 문학이라는 제목을 가지고 강의를 한 적이 있다. 내게 주어진 제목은 불교와 문학이었지만 그것과는 상관없이 정말 문학이라는 것이 이런 것이구나 하는 실감을 염두에 두고 자유로운 강의를 모색했다.

　문학은 바로 삶이다. 불교와 인연한 각계각층의 사람들의 삶의 흔적을 맛보고 싶다는 내 욕심도 있었다.

강의가 시작되면서 나는 흰 백지 한 장씩 나누어주면서 자기가 쓰고 싶은 이야기, 어떤 이야기든 좋으니 한번 써보라고 했다.

말은 교양대학이라고 했지만 어렵고 딱딱한 법문식 강의에 힘들어하던 차에 부담 없이 모두가 펜을 들었고 자기 나름대로 무언가 열심히 적어나갔다.

얼마의 시간이 흐른 후 자기가 쓴 내용을 대중 앞에서 읽어 보라고 했다. 60살에 가까운 할머니는 가난하게 사시다가 허리 한번 펴보시지 못하고 돌아가신 어머니 이야기를 시로 표현해 주어 모두의 눈시울을 뜨겁게 했을 뿐 아니라 농삿일에 찌든 삶의 고뇌를 하소연 식으로 적어준 40에 가까운 주부는 오늘날 의 농촌 현실을 보여주는 듯해 가슴이 아팠다.

학교 선생님은 학교 이야기, 장사를 하는 사람은 장사 이야 기, 현실에 어쩔 수 없이 적응이라는 단어를 가지고 살아감을 더 많이 보여준 것 같았고 그것을 극복하고 틈을 내어 교양대 학에 문을 두드리는 그 마음이 바로 부처님 마음이라고 나는 그 내용들을 읽어 내리면서 내내 혼잣말로 중얼거렸다.

문학이라는 것을 막연히 어느 특정인만 하는 것이라고 생각 하는 그분들께도 할 수 있다는 의지를 그날 강하게 심어주었고 이렇게 자기 느낌을 구체적으로 표현하는 것이 문학이니 어렵 게 생각하지 말라고 했다.

살면서 정말 놓치고 싶지 않는 이야기가 있다면 그때그때 메 모해서 후일 한 권의 책으로 묶어 후세들에게 남겨 준다면 굳이 말하지 않아도 자식에겐 산 교육이 되는 것만은 사실이라고까지 강조했다.

불교라 하면 웬지 어려운 종교, 몇 번씩이나 들어도 이해가 지 않는 경전의 문구들, 그저 부처님 말씀이니 들어두고 싶다는 것 때문에 한마디 한마디 놓치지 않고 열심히 듣기는 했지만 누구에게 말하고 싶을 때 앞뒤가 꽉 막혀 결국은 한마디 포교 할 수 없는 것이 현실이라는 어느 신도의 이야기.

교양대학이라는 짧은 교육기간 동안 많은 프로그램을 작성해놓고 매시간 강사가 바뀌는 어려운 강의시간 속에 그래도 내 강의가 오래 기억되고 한번 더 듣고 싶다는 생각이 일어 내 처소를 수소문하여 근무하는 학교에 제일 먼저 초청해주신 교감 선생님. 만약 불자가 아니었다면 또 그 인연이 없었다면 내 어찌 이 강단에 또 서서 듣는 자와 하는 자의 인연을 맺을 수 있단 말인가.

학교 교육은 내가 상상도 못할 만큼 빠르게 변해가고 있음을 이 작은 농촌 학교에 와서 느낄 수 있었으니 내가 얼마나 시대에 뒤떨어지게 살고있는지 알 수가 있었다. 처음 모니터 앞에 서서 입을 열었을 때 전혀 느낌을 알 수 없어 말문이 열리지 않았지만 한 시간만이라도 나는 뉴스를 전하는 아나운서가 되자는 용기를 가지고 주어진 시간을 깔끔하게 처리했다.

모니터를 통한 강의 내용이나 내 모습은 아이들 나름대로 느끼고 체크할 수 있었겠지만 나는 아니었다. 웬지 모르게 허탈

했고 무언가 잃어버린 느낌을 한동안 떨쳐버릴 수 없었다. 청중을 바라보면서 그때그때 감정들을 체크하면서 하는 강의가 살아있는 강의라는 것을 다시 한번 느끼면서 다음부터 이런 부탁이 오면 모니터 강의는 하지 않겠다고 거절을 해야겠다는 생각을 했다.

그곳 학교의 첫 강의는 반드시 스님이어야 한다고 내세워 나를 초청해주신 교감 선생님의 존함도 묻지 않고 내 의무만 끝내고 돌아와 버렸다. 뒤도 돌아보지 않는 스님들의 사고 방식을 이해나 하실까.

무인년을 맞는 우리의 마음은

너나 할 것 없이 모든 것이 풍족하여 넘치게 사는가 했더니 어느새 나라의 부도, 어마어마한 외채로 나라 살림을 해야 하고 너나 할 것 없이 절약 절약을 노래 부르고 경제 살리기 운동을 해야 하는 입장이다.

모든 것을 전에 비해 절약하지 않으면 너무나 어려운 시기에 살고 있음이 분명하다. 북한의 굶주림에 밥 한 공기라도 돕자고 했던 것이 엊그제 일인데, 그 밥 한 공기 제대로 돕지 못하는 현실을 우리는 인정을 해야 한다.

국가원수가 나라를 망쳤다고 우리는 너무나 쉽게 말한다. 그 국가원수를 우리들 손으로 뽑지 않았던가. 군사 정책이 마감하는 민주화를 부르면서 말이다. 그런데 그 임기도 끝나기 전 우리의 경제는 벼랑 끝에 있지 않는가. 이것은 우리 스스로가 선택을 흐리게 했기 때문이다. 뭔가는 바뀌고 새로운 것들이 도약되어야 한다고 하지만 늘 편안히 있는 그대로 받아들이는 데 익숙해져 있기 때문이다.

이제는 정권이 바뀌었다. 그 바뀜에 너무나 큰 기대를 한다면 우린 또 실망을 하게 된다. 벼랑 끝에 서있는 나라 살림을 어느 정도 추스려 주는 것만으로도 큰 것이 된다.

요즈음 만나는 사람마다 무거운 이야기들만 한다. 즉 서민들만 살기 힘든 세상이 되고 말았다. 이 무거운 것들이 정권이 바뀌고 해가 바뀌면서 없어져 준다면 얼마나 좋겠는가마는 그 여파는 그대로 남아 모든 것이 회복이 될 때까지는 우리는 무던히 참고 견디어야 할 것이다.

이제 우리 손으로 또 새로운 통치자를 뽑았다. 그 통치자에게 우리는 호랑이 같은 존재가 되어야 한다. 국민을 무서워하는 통치자를 만들어야 한다는 것이다.

호랑이는 잘못된 무리를 평정하고 인간 세상의 불안과 공포를 없애는 대륜 보살의 화신이다.

우리 나라는 옛부터 호랑이를 두려워해 산신으로 받들고 있다. 호랑이는 절 주변의 산을 지킬 뿐 아니라 나쁜 무리들이 절의 경내에 함부로 들어가지 못하도록 하는 수호신의 역할을 하고 있다.

호랑이를 불교에서 대륜 보살의 화신이라고 하는 것은 하늘 나라의 많은 보살들은 여러 가지 일들을 할 때 권력과 능력의 수레를 타고 다녀야 하는데 대륜 보살은 다른 보살이 탈 수레를 만들어 주는 것은 물론이고 자신이 타고 다니는 수레도 만든다. 뿐만 아니라 인간들이 타는 권력과 능력의 수레도 만들어서 사바세계로 보냈는데 인간들은 그 수레를 세상을 평화롭게 다스리는 데 쓰지 않고 오히려 살생을 하고 전쟁을 하는데 사용했다.

대륜 보살은 인간들이 하는 모든 사악함들을 막으려고 직접 수레를 타고 내려와서 잘못된 무리들을 평정하고 인간세상의 불안과 공포를 없애 주기 위해 호랑이로 화신한 것이다. 호랑이는 삼재를 물리치는 영물로 인식되었고 삼재 부적까지 나오게 되어 호랑이 몸의 일부분이라도 몸에 지니고 있으면 재앙을 면할 수 있다고 생각해서 호랑이 이빨, 뼈 , 가죽까지도 서로 다투어 가지려는 풍조도 생겼다.

우리 나라의 경우 호랑이가 단군신화에 등장할 정도로 중요한 역할을 차지하고 있다. 곰과 비교해 인내력이 떨어졌을 뿐 단군이 선택한 영수(靈獸)였다는 것을 우리는 잊어서는 안 된다.

호랑이 외에도 열두 방위에 맞추어 토끼, 용, 뱀, 말, 소, 원숭이, 닭, 돼지, 개, 쥐, 양 등이 얼굴 모습을 가지며 몸은 사람 모양을 하고 있는 것을 인신장이라고 한다. 이 십이지 신앙은 신라가 삼국을 통일하기 전까지는 밀교의 영향으로 호국적인 성격을 지녔으나 삼국통일 이후에는 단순한 방위신으로서 신라의 석탑과 왕릉의 호석에 나타나고 고려시대의 고분에 이어져 의식에도 사용이 되었으나 조선시대 능묘에는 거의 나타나 있지 않다고 한다. 이 십이지 신상은 방위신으로서 건축물을 수호하는 기능을 하며 아직도 많은 사찰 벽화로 그려져 불교인들을 수호하고 있다.

한편 호랑이는 사람을 보호해주는 수호신이기도 하지만 호환의 대상으로 두려움의 존재이기도 하다.

그 예를 하나 들어보면 다음과 같다.

백련 선사(1737-1807)가 가야산 깊은 골짜기에 암자를 짓고 동자승을 데리고 수행을 하고 있었는데 어느 추운 겨울 큰절에 갔다가 암자로 올라가는 스님 앞에 큰 호랑이 한 마리가 나타나서 길을 막았다. 그리고 업히라는 시늉을 하며 등을 스님에게 들이댔다.

등에 업힌 스님을 눈 깜짝할 사이에 암자까지 업어다 놓고 호랑이는 어디론가 가버렸다. 그 다음날 날이 밝자 호랑이는 암자에 다시 나타났다. 또 그 이튿날도 가지 않으므로 어린 동자승은 가엾은 생각이 들어 함께 살도록 스님에게 졸랐다.

백련 선사는 한참을 생각하더니 함께 살도록 허락을 하였다. 호랑이는 기뻐 어쩔 줄을 모르며 그날부터 한 식구가 되어 암자에서 같이 살았다. 선사가 무거운 짐을 지고 가면 뒤에서 밀어주고 산에서 맛있는 열매를 따다 주는가 하면 땔나무도 물어다 주었다.

어린 동자승은 떡 한 조각이라도 호랑이와 나누어 먹으면서 살았다. 그러던 어느 날 스님은 큰절에 내려가고 호랑이는 산에 나무를 하러 갔는데 동자는 저녁밥을 짓다가 손을 베어 손가락에서 빨간 피가 났다. 쓰라리고 아팠으나 동자는 붉은 피가 아까워서 그것을 호랑이에게 빨아먹으라고 했다. 처음에는 호랑이는 고개를 설레설레 저으면서 거절하였으나 동자는 이것은 살생이 아니니 먹어도 좋다고 손가락을 입에 갔다 대었다.

생전 처음 사람의 피 맛을 본 호랑이는 순간적으로 야수의 본성이 드러나 동자의 손가락을 깨물어 먹기 시작했고 드디어 동자를 잡아 먹어버렸다. 밤 늦게 돌아온 백련 선사는 이 일을 알고 크게 노해서 도끼로 호랑이의 한쪽 발을 잘라 내쫓았다. 호랑이는 슬프게 울면서 백련암 근방을 배회하다가 어디론가 자취를 감추었다는 일화가 있다.

한 나라를 다스리는 통치자는 국민이 바로 나라와 통치자를 지키는 수호신임을 명심해야 한다. 다가오는 무인년 해가 바로 이런 메시지를 담고 있다.

국민을 무서워했다면 아니 호랑이라는 생각을 했다면 우리 는 오늘 이런 부끄러운 일을 당하지 않았을 것이다.

이제 우리의 통치자는 국민의 작은 소리도 귀담아 들을 줄 아는 지혜와 겸손을 갖었음 한다.

「등불 98年 1月」

전화위복(轉禍爲福)

　햇볕이 그립다. 긴 장마로 인해 집안 구석구석에 곰팡이 냄새가 진동을 한다. 습한 것보다 땀을 찔끔찔끔 흘리면서 시원한 것을 찾는 편이 훨씬 나은 것이 아니냐고 아우성이다. 햇볕을 보지 못한 지가 여러 날 되었다.

　어쩌다 하늘이 개인 듯하더니 어느새 먹구름들이 몰려와 천둥 번개로 위협하면서 비를 뿌리면 대지는 거대한 강이 되고 만다. 이 자연의 위력 앞에 인간은 저항할 힘도 없이 당한다.

　이곳은 그리 큰 피해는 없다 하지만 습기 때문에 여간 짜증스러운 것이 아니다. 도량에 잔디 손질도 여러 번 하지 않았더니 잡초가 눈에 띄게 무성해 보인다. 우리네 삭발도 제때 하지 않으면 표정이 거칠해 보이는 것처럼 잔디도 제때 깎아주고 손질을 해주면 단정해 보이면서도 주인도 부지런해 보인다. 이곳 토질이 매우 찰흙이라 만약 잔디를 심지 않았다면 이 길고 긴 장마에 땅에 발도 디딜 수 없을 정도로 엉망이 되었을 것이다.

　한때는 말 잘 듣지 않는 잔디 기계로 잔디 손질을 한 후 여러 날 어깨와 팔이 아픈 적이 있어 기공을 하시는 오선생께 치료를 받은 적이 있다. 잔디 기계를 밀고 당기고 한 것이 큰 무리라는 것을 알고 힘이 씩씩해 보이는 사람만 오면 잔디를 깎아 달라고 한 적도 있다.

　내가 하는 것보다 남을 시키는 일이 그리 편안한 일은 못 되지만 아픈 것보다는 나은 일이었다. 어느 해인가 동용이 할아버지가 남기고 가신 유품 중에 한 번도 사용하지 않은 잔디 기계가 있다고 하여 동용이 아빠가 갖다 주셨다.

　미국 딸네 집에 가서 사오신 것인데 아파트 사시는 분이 왜 이것이 필요하느냐고 가족들은 물었지만 결국 그 도리는 말하지 않은 채 세원사로 오게 되었다. 물건의 임자가 따로 있는가 보다 하면서 전해 준 가볍고 질 좋은 잔디 기계 사용은 내 어깨에 큰 부담을 주지 않아서 이것을 사용할 때마다 고마움을 느낀다.

　오늘은 기황이 아빠가 오셔서 잔디 손질이며 도량 구석구석에 무성한 풀도 낫질을 해 주셨다.

　요즈음은 내가 하는 일 한 부분만 도와주어도 나는 참으로 편안해 한다. 요사채 불사를 하면서 붙박이장을 넣고 싶어 어느 가구점에 주문제작을 부탁한 일이 있다. 마침 돈도 넉넉하지 않고 하여 완료하면 다 지불하겠다고 공사를 부탁했지만 원자재를 구입해야 하니 넉넉히 선불을 달라고 하길래 오죽 힘들면 부탁하겠는가 싶어 어차피 지불할 돈이라 구해서 넉넉히 주었다.

　그러나 가게 주인은 처음 애원하던 표정이 아니라 당당히 약속을 어기기 시작하면서 추석 전에 해주겠다는 약속이 구정을 넘길 정도로 거짓말에 거짓말로 순간순간을 모면하려고 했다.

6개월이 흐른 뒤 결국 일은 포기하고 계약금을 돌려주겠다고 하길래 나는 다른 곳에 일을 시키고 그 돈이 나오길 기다렸지만 결국은 또 거짓말이고 그 계약금조차 줄 수 없는 형편이라는 것을 알았다.

그 사람은 나뿐 아니라 주위 모든 사람한테 신용을 잃었고 습관적으로 남의 돈을 쉽게 쉽게 끌어다 쓰는 사람인 걸 알게 되었다. 물론 나름대로 그만한 이유가 있었겠지만 세상물정을 모른다는 것을 핑계삼아 그것을 이용했다는 것이 몹시도 화가 났다.

어떤 사람은 부처님 전에 기도를 하고 어떤 사람은 그 시주 돈을 속이는 결과이니 남의 돈을 쉽게 생각하는 그 사고방식을 가진 사람에게 주고 싶은 마음보다 그 보상을 받고 싶었다.

결국 나는 그 돈만큼 가구로 가져와야겠다는 생각으로 굳혔지만 나는 그 가구들이 그리 필요하지는 않고 하여 여러 날 누구를 불러 그 물건들을 줄까 생각하다가 며칠 전 새로운 집으로 이사를 간다고 기도를 해달라고 하는 세원사 마을 어귀에 사는 기황이네를 생각해내었다.

월세방에 사는 살림이 그리 넉넉할 것도 없지만 반듯한 가구 하나도 제대로 없는 형편이었다. 이 사람이 인연이구나 하는 생각에 기황이네를 불러 전후 이야기를 하고 가서 필요한 물건을 가져오자고 하고 함께 가보았지만 이미 부도가 날 것이라는 소문 때문인지 사용할 만한 물건들은 다 빼내어가고 난 후라 마땅한 것이 없었다.

결국 기황이네는 유치원 다니는 큰 아들놈 책상을 골랐다.

없는 살림에 그 책상 값이 만만치 않은 금액임을 알고 두 부부는 몸둘 바를 몰라 했다. 나는 그렇게 해서 가구점 일에 대한 것을 마무리했다.

어느 날인가 외출에서 돌아와 보니 도량에 못 보던 꽃나무들이 한 그루 한 그루씩 심어져 있는 것이 아닌가. 누굴까 짐작이 갈 만한 사람에게 연락을 해보았지만 알 수 없었고 곧 연락이 오겠지 하고 한동안을 기다렸지만 나무 심은 임자는 나타나지 않았다.

어느 날 비가 내리고 있는데 바깥에서 누군가 있는 듯한 인기척에 살며시 내다보았더니 기황이 아빠가 무언가를 심고 있었다. '아 저 사람이 임자이구나' 하는 생각에 나와서 물어보았더니 어느 집에 일하러 갔더니 괜찮은 나무가 있어 세원사에 심고 싶어 얻어 왔다고 했다. 작은 것이지만 자기도 무언가는 해야 되는 것이 아니냐는 것이다.

그 후 기황이 아빠는 틈틈이 와서 도량 이곳저곳을 손질해주고 말없이 가버리는가 하면 기황이 엄마는 채전 밭에서 새로이 나는 것들을 문전에 몰래 갔다 주기도 한다. 이 부부는 그 책상 값의 대가를 수줍어하면서 혹이나 싫어하면 어떻게 하나 하는 마음으로 작은 것들로 나의 마음을 편하게 해준다.

한 사람은 얼마의 돈을 사기치려고 하는가 하면 또 한 사람은 고마움에 무언가 보답을 하려는 마음. 한동안 가구점 주인 때문에 속이 몹시도 상해 있었는데 그 일로 인해 기황이네의 순박하고 순수한 마음이 더 가까이 내게로 다가왔으니 이를 두고 전화위복이라고 하는지 모르겠다.

하나를 잃게 되면 하나를 얻고 하나를 얻게 되면 하나를 내어주어야 편안해짐은 나는 이번 일로 인하여 더 깊이 느낄 수 있었다.

많이 가짐은 귀한 것도 모르고 소중함을 모른다. 만약 기황이네가 넉넉한 살림이라면 그 책상 하나가 그리 대단한 것은 아니다. 가짐이 넉넉하지 않은 사람일수록 얻게 되면 그 기쁨은 매우 크다.

어릴 때 설, 명절이 기다려지는 것은 가난한 시절이기 때문에 설, 명절이 되어야 새 옷도 신발도 별식도 먹을 수 있는 기쁨 때문이다. 지금은 물질의 풍요로움 속에 정신적 빈곤함이 갈수록 더한게 아닌가 싶다.

「등불」

마음이 예뻐지는 茶

한 바릿대의 밥과 한 쟁반의 나물

배고프면 밥을 먹고 지치면 잠을 자네

물 한 병과 차 주전자 하나

목마르면 들고 와서 손수 달이네

원감 국사의 산 속의 즐거움

여름날 물소리 들리는 그늘 밑에서 매미 소리 벗삼아 땀을 식히면서 마시는 차 한잔. 더위와 갈증은 쉬이 가버린다.

바쁜 현대인들은 상상도 해보지 못할 홍취지만 생활 가까이 이런 즐거움을 만들어 덕담을 나눌 수 있는 지기(知己)라도 가까이 있다면 바쁨 속에서도 반드시 즐거움이 있을 것이다.

불교에서 식사대사(食事大事)라는 말이 있다.

먹는 음식과 마음 공부는 둘이 아니라는 것이다.

부처님께 올리는 공양이라 생각하고 지극정성 수행의 하나로 음식을 만들고 먹는다는 의미이다.

다도(茶道)는 바로 지극정성이 포함된 수행을 말한다. 차를 채취하고 만들고 우리고 마시는 과정이 지극정성이 없으면 이뤄지지 않기 때문에 이것 자체를 바로 도(道)라고 한다.

우리 조상들은 향기나 맛을 공감적인 언어로 표현했다. 문향(聞香)이라는 말과 맛본다는 말이 그 예이다. 향기를 맡는다고 하지 않고 향기를 듣는다고 한다든지 맛을 느낀다고 하지 않고 맛을 본다고 하는 것은 향기나 맛을 단순히 코나 혀로 느끼는 것이 아니라 그 이상의 감각으로 접근하는 것을 말하는데 그 접근의 경지가 바로 마음이다.

차는 몸으로 마시는 것이 아니라 마음으로 마시는 것이다. 차를 마시는 것은 아름다운 습관을 몸에 길들이고 자비스러운 마음을 간직하며 현명하고 어질고 슬기롭게 인생을 살기 위함에 그 목적을 두어야 하는 것이다.

우리는 차를 마시는 사람을 다인(茶人)이라고 한다. 다인은 군자나 성인이라고 부르는 말과 같은 말이다. 나는 이곳 여중학교에서 다도 강의를 해달라고 하길래 차마 거절할 수 없는 입장이라 받아들이기는 했다. 이 지역에서 청소년에 관한 일을 하다 보니 청소년 일이라면 우선 만나보자는 마음이 앞서 있기 때문이다. 이 지역은 어린이 법회, 청소년 법회가 그 어느 사찰에서도 이루어지지 않고 있다.

청소년을 만날 수 있는 일은 청소년에 관한 자원봉사, 유해환경 등으로 접근하고 있지만 매우 조심스럽다. 음식과 성격은 일맥을 이루고 있다. 어떤 음식을 먹느냐에 따라 그 사람의 인성을 판가름할 수 있을 정도로 그 사람이 즐기는 음식이 어떤 것인가 하는 것이 중요하다.

태어날 때부터 익숙해져 있는 인스턴트 식품, 그 속의 문화와 맛에 길들여져 있는 이 아이들에게 다도 강의의 의미는 큰 것을 주지는 못할지라도 우리 것이라는 것에 초점을 맞추어 놓고 엄숙한 예절은 논하지 않았다. 그저 생활 가까이 물 마시듯 마실 수 있는 우리 차.

커피보다 더 좋은 것이 많아 우리 인체에 좋다는 것을 강조했다. 특히 아이들이 관심 있어 하는 예뻐지는 차라고 이름을 붙여보았다. 차를 마시고 난 후 피부도 예뻐지고 여드름도 없어지고 또 찻물로 머리를 감으면 머리카락이 윤택해진다고 설명했더니 실습이 끝난 그 자리에서 찻물을 얼굴에 머리카락에 바르는 소동 때문에 이것은 다도가 아니라 미용강좌였구나 하는 생각이 들 정도로 교실은 순간적으로 아수라장이 되어버렸다. 이렇게라도 차를 접할 수 있다면 이 강의는 여느 강의보다 성공적이라고 할 수가 있다.

이제 이 아이들한테 녹차는 마음도 몸도 예뻐지는 차라고 인식될 것이고 전혀 차를 몰랐던 그 아이들에게 우리 차의 이름, 또 그 차 강의를 스님이 했다는 것이 보이지 않는 포교 효과가 있었을 것이다.

충, 효, 예를 지향하는 의도가 바로 우리 것을 전달하는 것에 그 목적이 있는 것이 아닌가 하는 생각이다. 다도 그 자체에 예절이 포함되어 있어 따로 예절을 말할 필요가 없다.

차를 접하고 마시는 사람은

첫째, 건강에 이롭고,

둘째, 사색 공간을 넓혀주고 마음의 눈을 뜨게 해주고,

셋째, 사람으로 하여금 예의롭게 하기 때문에 그 속에 철학이 담겨져 있다. 인스턴트 커피 음료가 차로써는 최고라고 생각하는 이 아이들에게 차와 음료수를 분별할 수 있게 한 이 기회, 우리 것을 전달하자는 주최측의 열린 생각 앞선 생각에 청소년 일을 하는 나로서는 매우 고마움을 느낀다.

이 강의가 있었던 이후 거리에서 교복 입은 학생들이 더러 인사를 한다. 누구지 하고 물어보면 스님께 다도 강의를 들었던 적이 있다고 한다. 이 강의를 듣지 않았다면 이 회색 빛 옷과 스님을 보아도 별 관심 없이 스쳐 지났을 인연들. 작은 인(因)이지만 열심히 뿌려놓을 것이다.

그리고 기회가 주어진다면 가꾸어 갈 것이다.

「등불」

98년 너와의 만남

　언젠가 나는 늘 평소에 습관처럼 다니는 곳에서 중앙선을 넘었다는 이유로 한 달간 운전 면허 정지를 받은 적이 있다.

　그 정지 중에 다시 재교육을 받고 시험을 치루면 20일 정도 감해진다고 하길래 묶인 발목을 빨리 풀고 싶다는 생각에 교육을 받고 시험을 치루고 면허증을 되찾았다.

　나는 그 재교육을 받으면서 스님도 위반을 하십니까 하는 주위의 질문에 부끄러움을 느끼면서도 오길 잘했다는 생각을 했었다. 왜냐하면 무의식 중에 물들여진 운전습관이 이런 계기가 아니면 별 느끼지 못하면서 위반을 하고 남에게 피해를 주기 때문이다.

　그 이유로는 그때 그때마다 이 버릇 고쳐야지 하는 생각으로 운전을 한다. 한번의 실수가 하고자 하는 일을 망칠 수도 있지만 한번의 실수가 재생을 거듭할 수 있는 기회가 된다면 실수 그 자체가 큰 스승이 아니겠는가.

　교육은 가르치고 육성하는 일이라고 했다. 나는 이번에 청소년 개발원에서 실시하는 청소년 1급자격을 위한 연수회를 신청하여 4주간 교육을 받았다. 혼자서 모든 일들을 꾸려 나가는 나로서는 4주간 있는 자리에서 시간을 비운다는 것은 그리 쉬운 일만은 아니다. 허나 나만이 느낄 수 있는 더 큰 성취를 위해서라면 감상적인 표현일까. 학교를 졸업하고는 이렇게 장시간 교육받은 일은 처음이다.

오전 9시부터 오후 6시까지 또 3박 4일은 합숙교육. 불교적인 행사 외에 모이는 자리나 교육에 가보면 불교인은 몇 명에 불과하고 거의가 기독교 신자이고 더욱이 사회사업쪽으로는 수녀님이나 원불교 교무님들이 많이 와서 교육을 받는데 이번에는 그래도 승가대 출신인 부산 영주암 범산 스님, 창원 성주사 원정 스님, 부산 내원정사 지일 스님, 옥수복지관 초인 스님이 참가하여 다른 해에 비해 스님들이 많았다.

우리 스님들이 이 자리에 있다는 것 자체가 다른 사람에게는 외계인을 만나는 시선을 준다. 여태 스님이나 불교계에서 이런 일에 익숙해져 있지 않기 때문이다. 앉아서 받기만 하는 불교, 침묵만 하는 불교, 흐르는 사회를 인식 못하고 방관하는 불교, 권력 다툼에 분분하는 불교로 인식이 박혀 있기 때문이다. 나서서 무언가 찾아서 활동을 하면 스님의 모습이 아니라는 둥 가만히 절에서 기도나 하지 하는 식의 벽들을 사람들은 만든다.

언젠가 이곳에서 청소년 일을 하면서 유해환경 감시단 발대식을 하는데 각 관계기관 내지 널리 홍보하기 위해 초대장을 띄운 적이 있다. 안방식 행사가 아니기 때문에 초대장은 당연한 것으로 알고 있는데 어떤 사람이 말하기를 어느 절 스님은 가만히 있어도 신도가 찾아가는데 무엇 때문에 초대장까지 띄우면서 이런 행사를 하느냐고, 스님은 그냥 절에서 가만히 기도나 하시라는 말을 듣고는 나는 말문을 닫았다.

불교를 잘못 이해하는 그 사람을 나무라기 전에 우리 불교계의 인식전환이 필요했다. 그냥 찾아오는 아이들 데리고 불교 이야기나 해주는 식의 포교를 하면 되지 수행자가 무슨 자격이 필요하겠느냐고 하겠지만 이것은 사찰 안에서만 가능하지 사찰 밖으로 눈을 돌렸을 때는 정말 힘든 일들이다.

안이든 바깥이든 전문적인 지식과 지혜가 없으면 21세기를 달리고 있는 아이들에게 다가설 수 없는 것이 현실의 불교 포교현장이다. 아이들 모아 놓고 불교의 설법을 하지 않아도 잦은 만남으로 인하여 아이들이 느낄 수 있다면 이 이상 큰 포교가 없다고 생각한다.

이제는 찾아가는 포교가 되어야 한다. 아이들이 잘 접할 수 있는 프로그램을 개발하여 불교와 접목을 시킨다면 따로 설법할 필요 없이 그들은 사찰로 몰려 들 것이다. 이 아이들 모두가 꼭 불자가 되어야 된다는 세뇌 교육보다는 이 사회를 바르게 인식하고 밝게 살아간다면 우리의 내일을 잉태하는 큰 밑거름이 되는 것이다.

청소년 사업은 그냥 스쳐가는 사업이기 때문에 큰 비중을 두지 않는다는 어느 관계자의 말과는 달리 그래도 뜻이 있어 모여든 이 사람들에게 개인으로 돌아갈 물질은 아마 넉넉하지는 않을 것이다. 허나 정신적으로 그들이 거두어 들일 수 있는 이득을 어찌 물질에 비할 수가 있을까. 그래서 모든 일정을 뒤로 미루고 모여든 것이다.

어느 강사님이 한마디 하시기를, 청소년 지도(指導)가 아니라 인도(引導)자가 되어야 한다고 했다. 그 인도자가 되기 위해 우리들의 눈에 비친 청소년, 그들은 집을 떠나고 거리에서 담배를 피우고 호프집에서 술을 마시고 쇠파이프를 휘두르고 심야에 오토바이를 타고 거리를 질주하는가 하면 때론 유서를 남기고 옥상에서 투신자살을 기도하고 또 서태지에 열광을 하고 여고괴담의 간판 앞에 줄을 서는 그 아이들을 이해하는 자가 되어야 한다는 것이 우선이다.

나로서도 막연하게 느껴지는 청소년 포교 이번 연수회에서 많이 느끼고 배웠다. 부처님 말씀이 그리고 스님의 설법이 아무리 훌륭하다 한들 그들의 가슴에 와 닿지 않는다면 아무런 소용이 없는 일이다. 다가오는 21세기를 맞추어 우리 불교계에서도 청소년들에게 다양한 프로그램을 만들어 그들을 끌어 안고 가야 할 의무가 있다.

문화관광부에서 논의된 2차 청소년 육성 5개년 계획은 청소년에 대한 과감한 발상의 전환과 새로운 시각을 반영한다고 하니 참으로 다행한 일이다. 이제 우리도 총무원 자리, 주지 자리에 연연해 하는 모습을 자꾸만 밖으로 밖으로 보여주지 말고 우리 스스로가 할 일이 무엇인가 한번쯤 깊이 반성해 보아야 한다.

이번 연수회에 참가한 지도자들에게 시(詩)로써 그 뜻을 함께하고자 한다.

1998년 1급 청소년 지도자 연수실

나이를 초월했다 종교를 초월했다

남녀를 초월한 어울마당이

손에 손잡고 때론 문제를 제시하고

때론 지도 연습을 해보고

때론 프로그램을 만들어 보고

때론 복지를 베풀고

때론 문화를 찾기 위해

강원도에서 제주도까지

그 특성을 만들어가는 지혜

이것을 명강사들은 인성교육이라고 열변을 토한다

가르치고 육성하는 일 우리들의 일이라

한순간도 놓치고 싶지 않는

말씀말씀이 잠자는 혼을 일으켜 세울 때

21세기를 향한 지침서는

부끄럽지 않는 길

동료들이여

침체된 행동과 생각을 털고 일어나라

그리고 보아라

너와 나는 다르지 않다

큰 바다 가운데 한 배를 타고

허리케인 같은 폭풍우를 이기고 선

나눌 사랑만이 남아

우리에게도 다가오고 있다.

「등불」

청소년 1급 지도자 연수회를 마치며

이제 몇 시간 후면 4주간의 화들짝 피웠던 꽃을 한아름 가지고 그 열매를 만들기 위해 우린 작별을 해야 한다.

만나고 헤어지는 것은 사람사는 일에 다반사라고 하지만 이번 가을에 만난 특별한 인연의 기억들은 오랫 동안 가슴 저편에 남아 많은 힘이 될 잊지 못할 만남이 아닌가 하는 생각이다.

사람이 살아가면서 함께 뜻을 하기 위해 만나는 일만큼 소중한 일이 또 있을까. 지금 현 순간 만나는 인연은 과거세 몇 겹 생으로부터 맺어 온 그 연(緣)이 있기 때문에 만남이 이루어진 것이다.

강원도에서부터 시작해서 제주도에 이르기까지 하나의 뜻을 위해 모인 우리 모두는 개발원에 의해 마련된 연수 프로그램 모두를 이수하면서 느끼고 배우고 익힌 문제와 계획들을 사는 그 자리에 가서 새로운 지혜의 창을 열어갈 가슴가슴은 꽉찬 열정으로 마무리하고 있다.

내가 사는 이 보령지역은 청소년 사업이 참으로 낙후된 곳이다. 나는 수행승으로서 정말 밥값다운 밥값을 위해 사회의 환원으로 청소년 사업에 관심을 두고 현장에서 아이들을 만날때마다 내가 무엇을 어떻게 해야 할지 막연했고 답답했고 그렇다고 청소년에 관해서 많은 정보를 얻을 수 있는 길도 지방에 살다 보니 많이 어두웠다. 그 답답하고 막연한 문제점을 찾기 위해 일상의 수행일들을 잠시 뒤로 미루고 왔을 때 정말 형식적이 아닌 무언가 얻어 갈 수 있는 연수가 되었으면 좋겠다는 바람, 그 바람은 바람이 아닌 현실로 느껴졌다.

그 이유는 답답하고 어둡기만 했던 그 의문과 문제의 답들이 서서히 보이기 시작했으니 이 얼마나 즐거운 일인가. 그 동안 나는 마음만 있었고 방법과 기술 없이 아이들을 만났으니 이것은 21세기를 향해 가는 아이들에게 20세기 지도적 방법이었다는 것, 또 아이들을 이해하기보다 무조건 이렇게 해야 하니 너희들은 따라와야 한다는 일방적인 가르침이 얼마나 무모했는지 강의를 들을 때마다 부끄럽기 그지 없었다.

시간시간마다 열변으로 강의하시는 강사님들이 말씀말씀이 새록새록 가슴에 와 닿을 때 교육은 가르치고 육성하는 일이라고 했지만 정말 우리가 가야 할 길은 지도가 아닌 인도(引導)가 되어야겠다는 사명감을 공감할 수 있었던 강의.

현장에서 느낀 성공사례보다 문제점을 제시하고 그 문제에 미래지향적인 답을 이끌어 낼 때 나는 무릎을 쳤다. 왜냐하면 이것은 현장에서 뛰지 않으면 느낄 수 없는 미세한 부분이기 때문에 학문으로 조사로도 할 수 없는 부분이기 때문이다.

처음 입교식 때 스님은 산중에서 도(道)나 닦으시지 하던 그 눈빛들은 어느새 내 가까운 이웃이 되어 작별을 아쉬워한다. 30대 초반에서부터 60대에 이르기까지 나이와 종교를 초월한 이천 덕평 수련원 합숙교육, 손에 손을 잡고 나와 너가 아닌 마음 하나로 어우러진 만남의 한바탕 놀이판. 교장선생님도 뛰었고, 치마를 입은 수녀님도 뛰었고, 머리를 깎은 나도 뛰었다. 북을 치고 장구를 치고 징을 치면서 철부지 아닌 스스로 청소년으로 돌아가던 시간들을 저마다 아쉬워한다.

이제 모든 일정을 뒤로 하고 산 속으로 생활 속으로 돌아가 우리에게 주어진 그 과제들을 하나하나 우리 힘으로 풀어 나갈 때 청소년 사업은 그리 어둡지만 않을 것이다.

힘찬 발걸음으로 돌아가자. 그리고 더 넓은 가슴을 열고 다가가자. 청소년에게로.

아직도 그곳엔 희망이 있더라

첫판 펴냄 ──────── 1999년 2월 10일
둘째판 펴냄 ────── 1999년 5월 10일

지은이 ──────── 정운
펴낸이 ──────── 봉화영
펴낸곳 ──────── 불광출판부
138-190 서울 송파구 석촌동 160-1
대표전화 (02) 420-3200 · 3300
팩시밀리 (02) 420-3400

등록일 ──────── 1979년 10월 10일
등록번호 ──────── 제 1-183호
ISBN 89 - 7479 - 905 - 7

◉ 잘못된 책은 바꾸어 드립니다.
값 7,000원